# CATALOGUE

## DE LA PRÉCIEUSE COLLECTION

# D'ESTAMPES,

## DES TABLEAUX, DESSINS, MARBRES

### ET AUTRES OBJETS CURIEUX,

Qui composaient le Cabinet de feu
M.ʳ Étienne **PALLIÈRE**, Peintre.

---

Par F.-L. REGNAULT DELALANDE,
PEINTRE ET GRAVEUR.

---

*La Vente de cette Collection se fera le lundi 20 Mars
et les cinq jours suivans, six heures précises de
relevée, rue Louis-le-Grand, n.º 6.*

———

*L'Exposition générale aura lieu le Dimanche 19, de
midi à trois heures ; on verra de plus, chaque jour
de la Vente, de midi à deux heures précises, les
principaux articles des Vacations.*

Le présent Catalogue se trouve à PARIS,

Chez MM. {
COUTELLIER, Commissaire-Priseur, rue des
Bons-Enfans, n.º 28;
REGNAULT-DELALANDE, Peintre et Gra-
veur, cul-de-sac des Feuillantines-St.-Jacques,
n.º 12.

====================303

1820.

# ABRÉVIATIONS.

B .... Bois.  
C..... Cuivre.  
D'apr. D'après.  
Édit.. Éditeur ou Édition.  
Épr... Épreuve.  
Est.... Estampes.  
H..... Haut. ou Hauteur.  

L. ... Largeur.  
P..... Petite ou Pièce.  
Pl.... Planche.  
Prem. Première.  
T..... Toile.  
Tabl.. Tableau.  
Tit... Titre.  

* L'Étoile près des Numéros sert à désigner les Morceaux sous verre.

# ORDRE DES VACATIONS.

### ESTAMPES ENCADRÉES OU EN FEUILLES.

#### *Lundi* 20 *Mars*, I.ᵉʳᵉ VACATION.

N.ᵒˢ 6, 7, 15 à 17, 24 à 26, 33, 34, 47 à 49, 51, 53, 61, 65 à 68, 77, 78, 82, 88, 89, 91, 93, 97 à 103, 114, 116, 127, 128, 132 à 134, 138, 142, 143, 152, 157, 167, 168, 196 à 198, 203, 204, 211, 212, 228 à 232, 352 et 353 partie; Addit. 377.

#### *Mardi* 21, II.ᵉ VACATION.

N.ᵒˢ 4, 5, 18, 20, 21, 42, 43, 45, 46, 63, 64, 70, 71, 92, 94 à 96, 104 à 113, 115, 123 à 126, 129, 130, 135 à 137, 144, 146, 149 à 151, 158 à 161, 169 à 171, 205 à 209, 213 à 216, 233 à 235, 353 partie; Addit. 375.

#### *Mercredi* 22, III.ᵉ VACATION.

N.ᵒˢ 1 à 3, 8, 9, 12 à 14, 22, 23, 29, 30, 31, 32, 38 à 41, 56 à 60, 72 à 75, 79, 80, 84, 86, 87, 117, 120, 121, 140, 141, 172, 173, 178, 189 à 192, 199 à 202, 210, 217 à 220, 236, 237, 353 partie; Addit. 371 à 374.

#### *Jeudi* 23, IV.ᵉ VACATION.

N.ᵒˢ 10, 11, 27, 28, 35 à 37, 40, 50, 52, 54, 55, 69, 76, 81, 83, 85, 118, 119, 122, 131, 139, 145, 147, 148, 153 à 156, 164 à 166, 174, 175, 179, 180 à 188, 193 à 195, 221 à 227, 353 partie; Addit. 367 à 370, 376.

### ESTAMPES EN FEUILLES OU EN VOLUMES.

#### *Vendredi* 24, V.ᵉ VACATION.

N.ᵒˢ 19, 62, 90, 162, 176, 177, 238 à 287, 288 partie, 353 partie restante; Addit. 378.

# TABLEAUX, DESSINS, MARBRES ET AUTRES OBJETS.

*Samedi 25*, VI.ᵉ VACATION.

N.ᵒˢ 289 à 352 partie restante; Addit. 354 à 366.

# AVERTISSEMENT.

ON trouve dans la collection de feu M.ʳ Etienne Pallière une suite précieuse d'Estampes à l'eau-forte, par des Peintres célèbres des Écoles d'Italie, d'Allemagne, des Pays-Bas et de France; d'autres à l'eau-forte et au burin, par d'habiles graveurs des mêmes Écoles; celles à l'eau-forte présentent les Pièces suivantes, savoir: par F. VANNIUS, l'Extase de Saint-François; par LOD. et ANN. CARRACCI, des Sujets de Vierges; par GASPARO DUCHÉ, des Paysages; par LONDONIO, des Scènes de Bergerie. — Par ADR. VAN OSTADE, son Œuvre. Plusieurs des Morceaux s'y trouvent répétés avec des différences; par BACKHUYSEN, des Vues, dites de l'Y; par J. H. ROOS, la Bergère, Pièce très-rare, et des Suites d'Animaux; par DIETRICY, des Sujets, des Paysages et des Études; par DIEPENBEECK, le Repos du Villageois; par HECKE, différens animaux; par GENOELS, des Paysages; par MILET, les *deux Amans*, et la Vue d'une Ville antique, Pièces rares; par VAN VLIET, différens Sujets, des Suites de Figures et des Études; par HERM. SAFT-LEVEN, l'Entrée du bois, et des Paysages; par WATERLO, des Suites de Paysages: plusieurs sont avant le nom d'*Ottens*, Edit.; par BREENBERGH, des Vues d'Italie; par SUANEVELT, des 116 Pièces de l'Œuvre de ce maître, 109: elles sont presque toutes prem. Epr. avec les mots *et ex.* ou *excudit*; par BEGA, différens Sujets et Études; par J. BOTH, les quatres Paysages en haut., Epr. avec les mots *Matham ex*, et les 6 Vues d'Italie, etc., Epr. avant

les n.ᵒˢ; par BERGHEM, la Vache qui pisse, Epr. ayant
le nom de *F. de Widt*, Edit.; le Joueur de Cornemuse,
Epr. avant la lettre; le Joueur de flûte, Epr. avant le
n.ᵒ 51, et des Etudes d'animaux, la plupart avant la
lettre ou avant les n.ᵒˢ; par POTTER, la Suite des différens animaux, celle des Chevaux, et la Vache regardant par-dessus la haie, Pièces rares; par RUISDAEL,
des Paysages et l'Intérieur de forêt; par LE DUC, différens Animaux; par ADR. VAN DE VELDE, la Suite de différens Animaux, et les Vaches et le Bœuf dans des prairies, etc., prem. Epr.; par DU JARDIN, le portrait de
De Vos, Pièce rare; par J. VANDER DOES, le Bélier et
les Moutons, Pièce rare; par H. et J. JONCKHEER,
Chiens dans différentes attitudes; par J. VANDER MEER,
DE JONGE, les Brebis et les Agneaux, 2 Pièces rares;
par NAIWJNCX, les deux Suites de Paysages; par CLAUDE
LE LORRAIN, *la Vue de mer*, n.ᵒ 6, *le Voyageur*, n.ᵒ 13,
très-rares Epr.: la prem. avec le Matelot qui amare
un canot; la seconde avant une des branches supprimées
au palmier, et 27 autres Vues et Paysages; par BOISSIEU,
des 142 Pièces de son Œuvre, 117 Pièces; Sujets, Vues,
Paysages et Etudes, presque toutes ces Epr. sur papier
de soie; par M.ʳ DEMARNE, des Sujets, des Scènes champêtres, des Animaux, et des Paysages; par M.ʳ DUNOUY,
des Vues d'Italie et des Paysages. — On remarque dans
les Morceaux à l'eau-forte et au burin, par un vieux
maître italien ANONYME, les Cartes du Tarot (n.ᵒ 367
de l'addit.), 50 Pièces, les deux dernières dessinées à la
plume; Suite de la plus grande rareté, qu'on ne trouve pas
dans plusieurs des premières collections de l'Europe;
par MARCO ANTONIO RAIMONDI, la Bénédiction d'Abraham, le Repas du Pharisien, Notre-Dame dite *Notre-
Dame à l'escalier*, la Vierge dite *la Vierge à la longue*

*cuisse*; Saint-Paul à Ephèse, Sainte-Félicité (Epr. de
la 2.º pl., la plus rare des deux); la petite Vendange,
Hercule et Antée, d'après Raffaello Sanzio, Epr. avant
tous noms d'Edit.; par AGOSTINO VENEZIANO, Sacrifice
d'Iphigénie, d'après l'antique; la Bataille dite *la Bataille
aux coutelas*, et l'Empereur Adrien et Androclès, d'apr.
Raffaello Sanzio, Epr. avant tout nom d'Edit.; par
P. S. BARTOLI, des Suites de Sujets, d'après Raffaello
Sanzio et Giul. Pipi. — Par J. GOTT. MULLER, *la Madonna della Sedia*, d'après Raphaël, Epr. avant toutes
lettres; par GER. EDELINCK, la Sainte-Famille de Jésus-
Christ, d'après Raphaël, Epr. avant les armes de Colbert; par P. LOMBART, l'Adoration des Bergers, d'apr.
Le Poussin, Epr. avant le titre; par FR. DE POILLY, la
Vierge dit *la Vierge au berceau*, d'après Raphaël,
Epr. avec une seule ligne de titre; la Sainte-Famille,
d'après Le Poussin, Pièce sans titre; par PESNE, l'Éva-
nouissement d'Esther et les sept Sacremens, d'après Le
Poussin, la prem. avant l'adresse et cinq des sept autres
Epr. tirées avant la retouche d'Audran et avant l'adresse
de ce graveur; par CL. BOUZ. STELLA, Moïse sur le Nil, le
Frappement du Rocher, le grand Calvaire et le Boiteux
guéri, d'après Le Poussin, prem. Epr.; par ANT. BOUS.
STELLA, Entrée de Sigismond dans Mantoue, d'apr. Jules
Romain; par NANTEUIL, Portrait de Louis XIV, gravé
en 1664 et 1666 (n.ºs 369 et 370 de l'addit.); par GIR.
AUDRAN, la Femme Adultère, le Temps et la Vérité,
et Pyrrhus, d'après Le Poussin : l'Epr. de la seconde
Estampe est avant la draperie, celle de la troisième est
avant l'adresse de la rue Saint-Jacques; Martyre de
Saint-Laurent, d'après Le Sueur, prem. Epr. avant di-
vers travaux faits depuis à la pl., et la Peste, d'après
P. Mignard, Epr. avec Junon sur les nues; par BAUDET,

Moïse et Pharaon, et quatre grands Paysages (ceux déd. à Louis de Bourbon), d'après Le Poussin, la prem. P. sans titre, les autres avant l'adresse de la galerie du Louvre.

Les recueils en offrent plusieurs sur l'antiquité par Bartoli et Piranesi, d'autres d'après des peintures du Vatican, par *Chaperon, Ottaviani et Volpato*, des Paysages d'après Le Guaspre et Claude Le Lorrain, par des Graveurs modernes.

Au nombre des Tableaux et des Dessins, on trouve d'intéressantes productions du Guerchin, Suaneuelt, Bouchardon, Lantara, Bruandet, Suvée, Vander Burch, Vincent, feu M.ʳ Etienne Pallière, M.ʳˢ Bourgeois, Nicolle, Meynier, Thienon et autres.

Dans les Objets de curiosité, un Sujet en marbre par Chaudet, un petit Buste en bronze, des Coupes et des Vases en marbre de différentes qualités.

Les n.ᵒˢ placés entre deux parenthèses, après l'article d'Aken et de plusieurs autres Maîtres, correspondent aux n.ᵒˢ qui précèdent les Pièces exécutées par ces Artistes, Morceaux, décrits dans notre Catalogue raisonné du Cabinet de M.ʳ le comte Rigal, publié à Paris en 1817.

# CATALOGUE

## DU CABINET

## DE FEU M. ETIENNE PALLIÈRE,

### PEINTRE.

## ESTAMPES.

AGOSTINO *Veneziano*, (Par AGOSTINO *de Musis dit* ) *Graveur italien.*

1* Iphigénie, prêtresse de Diane, dans la Tauride, reconnaît Oreste son frère et Pylade, qu'on lui amène pour être sacrifiés : d'après l'antique ; au bas à gauche, une grande tablette sans marque (*). Estampe en hauteur.

> Prem. Épreuve sans nom d'Éditeur.

2 Les Romains, sous la conduite de Scipion, combattant contre les Carthaginois, d'après un dessin de Raffaello Sanzio ; à terre, vers la droite, une tablette marquée des lettres A. V. Estampe en larg. connue sous le titre de *la Bataille au Coutelas.*

> Ancienne et belle Épreuve.

3* L'empereur Adrien à cheval, accompagné de guerriers, accordant la liberté à l'esclave Androclès, d'après Raffaello Sanzio ; à droite de la terrasse,

---

(*) Une tablette avec les lettres *A. V.* ( *Agostino Veneziano* ), ou sans ces lettres, d'autres avec ces lettres sans tablettes, servent de marque aux ouvrages d'*Agostino :* quelquefois la lettre *A* est en caractère gothique.

une tablette; à gauche, à une pierre, les lettres A. V.
Estampe en haut.

Prem. Épr. sans nom d'Éditeur.

AKEN, (Par JEAN VAN) *Peintre hollandais.*

4 Chevaux dans diverses attitudes, 6 p. P., avec des n.<sup>os</sup>,
la 1.<sup>re</sup> un Cheval vu mangeant les feuilles d'un arbre.
—Différens Paysages, savoir : 1 le Pont, 2 le Bat-
teau, 3 les Monticules, 4 le Bouquet d'arbres, 5 la
Chasse, 6 les Ruines, 7 le Chemin du bois, 8 le Voyageur, 9 le Villageois, 10 la Chaumière. En tout 16
Estampes en larg. ( n.<sup>o</sup> 1 à 16, pag. 1 (*).

Anciennes Epr., Édit. de *Clément de Ionge* ou *Jonghe.*

5 Halte de Voyageurs, Vues du Rhin, savoir : 1 les
Voyageurs, 2 les Batteaux, 3 la Barque, 4 le Repos;
à cette dernière suite des n.<sup>os</sup> de 1 à 4. En tout 5 Estampes en larg. ( n.<sup>o</sup> 17 à 21, pag. 2 ).

Prem. Épr.; à la prem. des Vues du Rhin : *Clément de
Jonghe excudit.*

ALIAMET, (Par JACQUES) *Graveur français.*

6 Le Rachat de l'Esclave, l'ancien Port de Gênes,
grande Chasse au Cerf, d'après N. Berghem. — Rivage près de Tivoli, le Matin, le Midi, les Italiennes
laborieuses, etc., d'après Jos. Vernet. 8 Estampes
en larg.

ALMELOVEEN, (Par JEAN) *Dessinateur et Graveur hollandais.*

7 Vues de Villages hollandais : 1 de Capel, 2 Jaarsveld,

---

(*) Ces n.<sup>os</sup> et ceux placés à la suite de plusieurs autres articles
correspondent aux n.<sup>os</sup> qui précèdent les Morceaux de ces Maîtres
décrits dans notre Catalogue raisonné du Cabinet de M. le Comte
Rigal, Catalogue en 1 vol. in-8.<sup>o</sup>, publié à Paris, en 1817.

*Suite des Morceaux par* ALMELOVEEN.

3 Langerack, 4 Krimpen, 5 de Hoeck VanKleyn
Ammers, 6 Loopick, 7 Thienhoven by Ameyde,
8 Groot Ammers, 9 Schoonhoven, 10 Lekker kerck,
11 Leexmond, et 12 Streeskerck, très-p. P. en haut.
—Vues de rives, savoir, 1 la Barque, 2 le Radoubeur
de barque, 3 le Bateau qu'on décharge, 4 le Bateau
qu'on charge. Estampes en haut. avec des n.°ˢ de 1 à
4, à ces deux suites H. S. (*Herm. Saftleven*) *invent.*
— plus, six des 16 Paysages en larg. gravés par
*Almeloveen* sur ses dessins. 28 Estampes (n.° 1 à 12,
17 à 20, etc. pag. 3).

AUDRAN, (Par GIRARD) *Graveur français.*

8* Jésus prononçant son jugement contre une femme
surprise en adultère, d'après le tableau de N. Poussin, au Musée Royal. Estampe en larg.

    Ancienne Épreuve.

9 Saint - Jean baptisant sur les bords du Jourdain,
très-gr. P. de 2 feuilles; Ste.-Françoise, Coriolan,
très-gr. P. de 2 feuilles; Narcisse : ces 4 Estampes,
d'après N. Poussin, la 2.ᵐᵉ en haut.

    L'Épr. du Sujet de Sainte-Françoise est avant la lettre.

10* Le Temps délivrant la Vérité des insultes de la Co-
lère et de l'Envie et la rendant à l'Éternité, d'après
le Sujet allégorique peint par N. Poussin, pour un
des plafonds des appartemens du Louvre, tableau du
Musée Royal. Estampe presque carrée.

    Prem. Épr. et contre-Épr., toutes deux avant la dra-
perie : l'Épr. est sous verre.

11* Pyrrhus enfant, dérobé à la poursuite des ennemis
de son père, d'après le tableau de N. Poussin, au

*Suite des Morceaux par* GIR. AUDRAN.

Musée Royal. Très-grande Estampe en largeur, et de 2 feuilles.

> Prem. Épr. avant les mots : *à Paris rüe St-Jacques aux deux pilliers d'or*, à la suite de l'adresse des Gobelins.

12 Le martyre de St.-Laurent, d'après Eust. Le Sueur. Estampe en haut., et cintrée.

> Prem. Épr. avant divers travaux, principalement au nuage : près de l'aile droite de l'Ange qui soutient la couronne de sa main gauche : ce nuage, dont le haut est en partie blanc, est avant des tailles et des contre-tailles.

13 Saint-Protais, martyr, d'après Eust. Le Sueur. Très-grande Estampe en larg. dédiée au Marquis de Beringhen.

14* Junon, par jalousie contre Egine, infecte l'air pour faire périr par la peste les peuples du royaume d'Eaque, d'après P. Mignard. Estampe en larg.

> Prem. Épr. avec la Dédicace au Marquis de Louuois.

## AUDRAN, (Par BENOIT) *Graveur français.*

15 Jésus, instruisant Marthe et Marie, d'après Eust. Le Sueur : à terre à droite, au coin du devant, 1690. gr. Estampe en larg.

> Ancienne Épreuve.

## AUDRAN, (Par JEAN) *Graveur français.*

16 Les Saisons, où sont représentés les Sujets suivans, savoir : Adam et Eve, LE PRINTEMPS ; Ruth dans le champ de Booz, L'ÉTÉ ; Josué et Caleb, L'AUTOMNE ; le Déluge, L'HIVER : d'après N. Poussin. 4 Estampes en larg. les 2 prem. par *J. Pesne*, les 2. dernières par *J. Audran.*

17 Résurrection du Lazare ; Pêche miraculeuse ; Ven-

deurs chassés du Temple; Repas du Pharisien, et
Jésus - Christ guérissant les malades sur les bords
du lac Génésareth; 5 gr. Estampes en larg. d'après
J. Jouvenet; les deux 1.<sup>re</sup> par *J. Audran*; les 3 et 4.<sup>me</sup>
par *Gasp. Duchange*; la 5.<sup>me</sup> par *L. Desplaces.*

L'Epr. du Sujet représentant la Guérison des Malades
est avant la lettre.

## BAKHUYZEN *ou* BACKHUYZEN, (Par LU-DOLF *ou* LOUIS) *Peintre hollandais.*

18 Marchands de Poissons au bord de la mer, 1701;
Vaisseaux en mer, Vaisseau s'avançant à toutes
voiles; les deux Bateaux; l'Yacht; Barque en carène,
1701; Mariniers mettant une barque à flots, 1701;
Port de mer où un homme pousse une brouette, 1701;
Mer agitée où est un Vaisseau à voiles ferlées. Estampes en larg. (n.° 2 à 10, pag. 7).

Manque à cette Suite, dite *Vues de l'Y*, le prem. Morceau où une Déesse est représentée sur un char : des 9 P.
que nous venons d'indiquer, les prem. sont avant les n.<sup>os</sup> 1
à 7 qu'on trouve aux secondes Epr.

## BARTOLI, (Par PIETRO SANCTI) *Graveur italien.*

19 Divers Traits tirés de la vie de Constantin, 16 P.,
d'après des peintures exécutées en camayeu, par Jules Romain, dans une des chambres du Vatican, à
Rome; — l'Entrée de l'Empereur Sigismond dans la
ville de Mantoue, représentée dans une frise exécutée en stuc dans le palais du T, à Mantoue, par le Primatice, sur les Dessins et sous la conduite de Jules
Romain, gravée à l'eau-forte en 1680, 26 Pl. avec
des n.<sup>os</sup>; à la pr. un titre de 12 lignes en lettres gravées: SIGISMVNDI AVGVSTI *Sanctæ Mariæ de Pace;*

la 2.ᵉ le Frontispice, pièce de l'invention du graveur : on y voit la Renommée qui soutient le Portrait de l'Empereur Léopold 1.ᵉʳ.—Jupiter nourri par la chèvre Amalthée, d'apr. Jules Romain. — Des Hommes et des Femmes se sauvant avec leurs bagages dans leurs vaisseaux qui soutiennent un combat à l'embouchure du Tibre, d'apr. une frise peinte en clair-obscur par Polidore de Caldara et Maturin de Florence, sur la façade du Palais Cesi à Rome, 8 P. avec des n.ᵒˢ ; en tout 5o Estampes et un Titre.

## BAUDET, (Par ÉTIENNE) *Graveur français.*

20* Moïse enfant foulant aux pieds la couronne de Pharaon, d'apr. le Tableau de N. Poussin, au Musée Royal, Estampe en larg.

Epr. avant la lettre.

21 Le Veau d'or ; le Frappement du rocher ; la Sainte-Famille : des Anges répandent des fleurs aux pieds du Sauveur ; le Repos en Egypte ; l'Enlèvement des Sabines ; Coriolan ; l'Image de la vie humaine ; le Temps protégeant la Vérité : d'apr. N. Poussin. 8 Estampes en larg.

22 Quatre Paysages ornés des Sujets suivans : le Corps de Phocion emporté hors du Pays d'Athènes ; Femme recueillant les cendres de Phocion ; Campagne où un Homme se lave les pieds près d'une Fontaine ; riche Pays traversé par une chaussée qui conduit à une ville, d'apr. N. Poussin : Suite gravée en 1684, et dédiée à Louis de Bourbon Condé. 4 Estampes en larg.

Prem. Epr. avant l'adresse : *à Paris Galeries du Louvre.*

*Suite des Morceaux par* BAUDET.

23 **Les mêmes Estampes**, et quatre autres Paysages, où se voient Polyphème et Galathée ; Orphée et Euridice ; Diogène, et un Homme fuyant à l'aspect d'un jeune Homme dont le corps est enveloppé d'un énorme serpent : cette seconde suite, gravée en 1701, d'après N. Poussin, est dédiée à Louis-le-Grand. En tout 8 Estampes en larg.

**BEATRICIUS**, ( Par L'ANCIEN ) *Graveur italien.*

24 **Jésus-Christ** confiant la garde de son troupeau à Saint Pierre ; Apollon et Marsyas, Vénus donnant des ordres à Psyché, Phœnix se brûlant sur un arbre ; Combat naval, dit *l'Enlèvement d'Hélène* ; Entrée de Scipion dans Rome : d'apr. Raffaello Sanzio. Histoire d'Apollon et de Daphné ; Cybèle sur son char : d'apr. Jules Romain. L'Avarice chassée du Parnasse : d'apr. Bald Peruzzi. 12 Estampes, les 6 dernières en haut.

L'Epr. du Sujet de Vénus et Psyché est avant la lettre.

**BEGA**, ( Par CORNEILLE BEGYN ou ) *Peintre hollandais.*

25 *Têtes et Bustes :* Jeune Femme vue à mi-corps ; — Vieille en bonnet fourré, le regard élevé ; — Vieille riante : elle est en bonnet fourré ; — Paysan en bonnet fourré : sa mine est riante ; — Paysan dont le bonnet n'est que légèrement tracé ; — Vieille en bonnet bordé de fourrure : elle est représentée dans un ovale ; — *Sujets à une seule figure :* Homme en manteau court ; — Femme portant une cruche (P. lozange) ; — Homme les mains dans son pourpoint ; — Paysanne assise, une pipe à la main ; — Vieille un pot sur ses genoux ; — Fumeur assis, sa

pipe à la main; — Vieille debout; — Homme en manteau court, son bonnet sur les yeux; — Buveur assis sur un baquet; — Paysan le chapeau à la main; — Femme debout, un panier sur sa tête; — Paysan à la fenêtre; — Paysan assis : il allume sa pipe; — *Sujets de plusieurs figures :*— Paysanne assise : elle allaite un enfant, un Homme est près d'elle; — Paysan assis sur un siège dont le dossier est en forme de rateau; — Deux Paysans et une Femme près d'une cheminée; — Villageois assis : il prend une jeune Fille par la main; — Paysan embrassant une Femme assise; — la Danse au cabaret; — le Chanteur; — Femme assise : un Enfant dort sur ses genoux; — les Buveurs; — Paysan près d'une Femme assise un Enfant dans ses bras; — Femme assise un Enfant dans ses bras : près d'elle deux Paysans, l'un assis, l'autre tenant un pot ( Pl. non terminée ); — Vieille Aubergiste : elle est en bonnet fourré; — Jeune Aubergiste tête nue; — la jeune Aubergiste caressée; — et le Cabaret; à cette dernière P.: 1 COVENS ET C. MORTIER EXCUDIT : en tout 34 P. et très-p. Estampes en haut. ( n.° 2 à 35, pag. 12 ).

*Nota.* Manque le Titre *Het Werk. Compleet Van den Vermaarden....* et le Paysan en société, Pièce douteuse.

**BEICH,** (Par JOACHIM-FRANÇOIS) *Peintre allemand.*

26 Vues de Sites agrestes pris dans le Tyrol : à la première à gauche, un Muletier et deux Mules; sur un tertre, près d'une fontaine : *J. Beich fecit*; 6 P. — Vues prises dans la Bavière : vers la gauche de la première, à un piédestal : *Joachim Franc. Beich.....*

n° 75, 8P. — Vues, la plupart de la Souabe, 6 P. En tout 20 Estampes, les 14 prem. en haut.; aux 2 prem. suites, des n°*.

> *Nota.* Les Vues du Tyrol, prem. Epr. : on n'y voit de n.° qu'aux 2, 3 et 4.° Morceaux; celles de la Bavière, pareillement prem. Epr. : elles sont avec le nom de *Jer. Wolff*, éditeur. Cet article provient du Cabinet de M. le Comte Rigal. ( Voir le n.° 42 de notre Catalogue.)

## BERGHEM *ou plutôt* BERCHEM, (Par CLAAS OU NICOLAS) *Peintre hollandais.*

27 La Vache qui pisse : elle est vers le milieu sur un terrain élevé; divers Animaux occupent les autres plans : à la droite du devant, un homme, une femme et un enfant endormis ; sur un cartouche, au bas de la terrasse : *C P Berghem inventer et fecit.* Estampe en larg. (n° 2, page 18.)

> Epr. avant les mots *F. de Widt excudit.*

28 Le Joueur de Cornemuse parlant à un Paysan monté sur un Ane : dans l'éloignement, vers la gauche, un Pâtre précédé d'un Troupeau; Estampe en largeur. (n° 4, page 20.)

> Prem. et très-rare Epr. avant les mots *N. Berchgem fe* ordinairement gravés à gauche, au haut du ciel : Epr. dite ainsi avant la lettre.

29 Le Retour des Champs, gravé en 1644. — Le Joueur de flûte. — Le Pâtre parlant à une Paysanne qui allaite un enfant. Estampes en haut. (n° 5 à 7, p. 20.)

> L'Epr. du prem. Morceau est avant le ciel entièrement teinté ; celle du second Sujet est avant le n.° 51, gravé depuis à la Pl., pour placer l'Estampe au nombre de celles qui composent l'Œuvre de Karle du Jardin.

*Suite des Morceaux par* BERGHEM.

30 Quatre Sujets, savoir : 1 le Pâtre et la Fileuse; 2 l'Ane
qui brait; 3 le Berger et les Animaux; 4 Femme devant l'Hôtellerie; à cette Suite gravée en 1652, des n°°.
— Le Mulet qui brait. — Différens Animaux; Suite
dite *la Petite Laitière*; sur la table, renfoncée d'un
piédestal au premier Morceau; *C.P. Berghem Fesit
et Excnd.* 1644; au-dessus de ce titre un n° 1 : au haut
des cinq autres Sujets, des n°°. En tout, 11 Estampes,
les 5 prem. en haut. (n.°° 8 à 11 et 23 à 28, page 20.)

*Nota.* Les Epr. de la prem. Suite sont de la seconde Edi-
tion : on y lit les mots *Frederick de Widt Excudit.*

31 Etudes d'Animaux, 12 P., et 3 Tit.; ces 15 Estampes
en larg. (n.°° 35, 37 à 39, 41 et 48 à 56, page 24.)

Prem. Epr.; des Titres, 2 avant la lettre, et 1 de l'Edit.
de *Clément de Jonghe;* les autres Pièces avant les n°°.

32 La Vache qui s'abreuve, la Vache qui pisse, les trois
Vaches en repos, la Suite d'Animaux. Numérotée 1
à 4; Têtes de Bouc, et quatre Suites d'Etudes d'Animaux. (n.°° 1 à 3, 18 et 29 à 56, pag. 18.)

*Nota.* L'Epr. des Vaches en repos est 3.° Epr. : Elle laisse
à désirer pour la conservation; des Études d'Animaux, 12
Epr. doubles sans n.°° : en tout 49 Estampes en largeur.

BLEKER, (Par G....) *Peintre hollandais.*

33 L'Ange promettant un Fils à Abraham, 1638 : Paul
et Barnabé à Lystre, 1638; Paysan regardant une
Laitière qui trait une Vache, 1643; Charriot à quatre
roues, 1648; Charriot à deux roues, 1643, Villageois
et Villageoise en cabriolet, 1648 : ces 7 Estampes,
en larg. (n.°° 1, 5, 6, 9, 10, à 12, page 29.)

BOEL, (Par PIERRE) *Peintre flamand.*

34 Divers Oiseaux, 6 P.; à la prem. : trois Chiens près

d'un Ane chargé de Volailles : à droite, à un débris
d'Architecture, le Titre *Diversi uccelli à Petro
Boel.* Les autres Pièces représentent des Faucons,
des Aigles, des Paons, des Butords, des Canards, etc.
— Chasse au Sanglier, onze Chiens le poursuivent,
un est couvert d'une chemise de maille ; à gauche,
sur un caillou, les lettres *P. B.* 7 Estampes en larg.
(n.ᵒˢ 1 à 7, page 32.)

BOISSIEU, (Par Jean-Jacques de) *Dessinateur et
Graveur français.*

35 Boissieu vu à mi-corps, un Dessin à la main, 1796. —
Saint-Jérôme, 1797. — Les Pères du Désert, 1797 :
ces 3 Morceaux en haut. (n.ᵒˢ 1 à 3, page 34.)

> *Nota.* Du Portrait de Boissieu, 3 Epr. : 1.ᵒ à l'eau-forte
> seulement ; 2.ᵒ où le Dessin représente le Portrait de
> l'épouse de l'Auteur; 3.ᵒ où le Dessin représente un Paysage
> au-lieu d'un Portrait : en tout 5 Estampes.

36 Le Souverain-Pontife Pie VII, bénissant les Enfans;
au bas l'inscript. : *Sinite parvulos Venire ad me*,
1805. — Promenade du Souverain-Pontife Pie VII,
sur la Saône, lors de son passage à Lyon, le 27 avril
1805 : au bas l'inscript. *Transeundo Benefaciebat*
— Les Moines au Chœur, 3 Estampes. La prem. en
haut.; n.ᵒˢ 4 à 6, page 35.

> Les Epr. des 2 premières Pièces sur papier de soie.

37 La Soirée villageoise, 1800.—L'Ecrivain public, 1790.
— Le Sujet dit *les grands Tonneliers*, 1790. — Les
Joueurs de boules, près de l'ancienne porte de Vaize,
à Lyon, 1803. 4 Estampes en larg. (n.ᵒˢ 7 à 10, p. 35.)

> Les Epr. des 3 dernières Pièces sur papier de soie.

38 L'Ermitage, 1793.— Intérieur de Ferme, où un vieil-

lard amuse un enfant, 1793. — Intérieur de Ferme :
on y voit près d'une étable un vieillard et cinq enfans,
1780. — Le Maître d'école réprimandant un enfant,
1780. — Maréchal ferrant, 1808 : 5 Estampes en
larg. (n.ᵒˢ 11 à 15, page 36.)

Les Epr. des 4 dernières Pièces sur papier de soie.

39 L'Aumône, 1780. — Vieux Mendiant les mains dans
son chapeau, 1772. — Le Maître d'école, 1770. — Les
deux Enfans jouant avec un Chien, 1789. — La Leçon
de Botanique, 1804 (P. rare). — Fête champêtre,
1773. — *Les petits Charlatans*, 1773. — *Les petits
Tonneliers*, 1770 : de ces 8 Morceaux, les 2ᵉ, 3ᵉ, 4ᵉ
et 5ᵉ en haut. (n.ᵒˢ 16 à 23, page 37.)

Les Epr. des 4 dernières Pièces sur papier de soie; plus,
du Maître d'Ecole, 1 Epr. d'eau-forte; des Charlatans,
1 contre-Epr.; et des Tonneliers, 1 double Epr. : en tout
11 Estampes.

40 Deux Enfans faisant des bulles de savon, 1799. — Le
Peintre à son Chevalet, 1780. — Vieillard jouant du
hautbois, 1782. — Vieillard jouant de la vielle,
(2ᵉ pl.): tous ces Sujets en demi-figures : 4 Estampes,
la dernière en haut. (n.ᵒˢ 25 à 27 et 29, page 39.)

L'Epr. du second Morceau sur papier de soie.

41 Vues du Temple de la Sybille et de la Cascade à Tivoli,
1809; — du Passage du *Garillano*, en Italie, 1793; —
du Temple du Soleil et de l'Arc de Titus, 1773; —
d'*Aquapendante*, sur la route de Sienne à Rome,
1773; — du Temple de Vesta, 1774; — du Sépulcre
de *Cecilia-Metella à Capo di Bove*, 1780; — et du
Pont *Lucano*, sur la route de Rome à Tivoli, 1772 :
7 Morceaux en larg. (n.ᵒˢ 30 à 36, pag. 39).

*Nota.* L'Epr. de la Vue du Sépulcre de *Cecilia Metella* est

avant les armes et la lettre, seulement l'année; celles des
1.<sup>er</sup>, 5 et 7.<sup>e</sup> Sujets sur papier de soie; plus, de la Vue du
*Garillano*, une prem. Epr. qui n'est presque qu'à l'eau-
forte, et 2 contre-Epr., l'une de la Vue du Sépulcre de
*Cecilia-Metella*, l'autre de celle du Pont *Lucano :* en tout
10 Estampes.

42 Vues de l'île Barbe sur la Saône, à une lieue de Lyon,
1808. — Village de Lantilly, 1804. — Pont et Château
de Sainte-Colombe en Dauphiné, 1800. — Environs
de l'Arbresle en Lyonnais, 1793. — Saint-Andéole
en Lyonnais, 1774. — Bords de la rivière d'Ain,
1774 : ces 6 Estampes en larg. (n.<sup>os</sup> 37 à 42, pag. 41.)

> Les Epr. des 2 prem. Pièces sur papier de soie; celle de la
> prem. est avant l'adresse de *Frauenholz.*

43 Vue du Champ-Verd près de Lyon, 1764 ; — du
Château de Madrid, près Paris ; — de Saint-Romain-
sur - Gier en Lyonnais ; — du Grand Chemin de
Fontainebleau à Bouron : à ce Morceau et aux 3 suivans 1764; — de l'Entrée de la Forêt de Fontainebleau;
— de la Fontaine de Choulan, près de Lyon; — de
Montagnes avec Cascades; — d'une Cascade tombant
d'une Maison très-élevée; — du Fort Saint-Clair et
d'une partie de la ville de Lyon; — et du Pont sur le
Rhône, à Lyon : 10 Morceaux : les 6.<sup>e</sup>, 7.<sup>e</sup> et 8.<sup>e</sup> en haut.
(n.<sup>os</sup> 43 à 50 et 52, 54, pag. 42.)

> Les Epr. des 2 prem. Vues sont avant l'adresse d'*Artaria :*
> ces Epr. et celles de la 2.<sup>e</sup> Vue de Fontainebleau, de la
> Fontaine de Choulan et des Montagnes avec cascades, sur
> papier de soie; plus, de ces 3 dernières Pièces des Epr.
> doubles : en tout 13 Estampes.

44 La Grande-Forêt, 1798. — La Sortie du Bois, 1790 :
grandes Estampes en larg. (n.<sup>os</sup> 55 et 56, page 43.)

45 Noyé retiré de l'eau, 1797. — Charette sur un grand
Pont de pierre de trois arches, 1799. — Le repos
au coin du Bois, 1803. — L'Oratoire : vers la gauche
un vieux mur avec fontaine, 1804. — Passage d'un
Gué, 1800. — La Cascade par un temps de pluie, 1809 :
ces 6 Estampes en larg. (n.ᵒˢ 57 à 62, page 43.)

Les Epr. des 3 , 4 et 6.ᵉ Pièces sur papier de soie.

46 Le Dessinateur et le Lecteur au bord de l'eau, 1796.
— Campagne, où sont à la droite les colonnes d'un
Temple, 1796. — Vieille Chapelle ; sur le devant un
Villageois fait danser un Chien, 1799. — La Digue,
1799. — Château délabré, 1807. — Le Bateau chargé
d'arbres, 1807 : ces 6 morceaux en larg. (n.ᵒˢ 63 à 68,
page 44.)

Les Epr. des 3 dernières Pièces sur papier de soie , celles
des deux dernières sont avant l'adresse do *Frauenholz;* plus ,
du Sujet de la Digue une double Epr. : en tout 7 Est.

47 Chantier de Savigny, 1803. — Troupeau traversant
une Campagne. — Entrée d'une Forêt ; à droite, près
d'une mare, une Cabanne, 1772. — Entrée d'une
Forêt ; à gauche, une Masure couverte en chaume.
— L'Hiver. — Le Printemps, 1795. — Paysage dans
le style de Wynants : sur le devant, une petite Fille, un
fagot sous le bras, 1803. — Pâtre, deux Vaches et un
Chien passant à gué une rivière, 1803 : de ces 8 Morceaux, les 5ᵉ et 6ᵉ en haut. (nᵒˢ 69 à 76, page 45.)

*Nota.* L'Epr. de la Pièce représentant une Forêt où est une
masure n'est presque qu'à l'eau-forte , et les angles du haut
et du bas à droite mal formés ; plus, des Paysages représentant l'Hiver et le Printemps , de doubles Epr. ; elles sont à
l'eau-forte : des 8 Pièces désignées , les 1.ʳᵉ , 4 , 7 et 8.ᵉ sur
papier de soie : en tout 10 Estampes.

48 L'Anesse et l'Anon, 1797. — Chasseur près d'un
petit bois. — Vue de Mer : à gauche, une Barque à
voile. — Moulin d'Italie : on y voit trois Cascades. —
*Les petites Laveuses*, 1773. — Paysage ; à la droite,
dans l'éloignement, le Temple de la Sybille, 1773.
— Suite de 10 Paysages : 1 Paysage avec Rocher,
où est le titre.—2 Chevrier et Chèvre au bord de l'eau.
—3 Ile couverte de bois.—4 Pêcheur à la ligne (d'apr.
Ruysdael.)— 5 Lever du Soleil, (d'apr. Claude le
Lorrain.)—6 Homme dans un bateau. — 7 Vestiges
d'Acqueducs. —8 Le Religieux et le Chasseur.—
9 Pont de bois. — 10 Paysan sur un Bouriquet : à ces
Paysages, des n.ᵒˢ de 1 à 10. — Suites de six Paysages ; au 1.ᵉʳ le Titre *paysages Dessinés et gravés
par J. J D B à Lyon* 1759. — 2 Le Moulin. — 3 La
Fontaine. — 4 La Fileuse. — 5 Les deux Maison-
nettes. — 6 La vieille Tour : 22 Morceaux en larg.
(n.ᵒˢ 77, 78, et 80 à 99, pag. 47.)

*Nota.* Des 3 prem. Pièces de la Suite des 10 Paysages,
des Epr. doubles seulement à l'eau-forte ; les Epr. des
petites Laveuses et du Paysage où se voit le temple de la
Sybille sont sur papier de soie ; plus, de ce dernier Paysage
une Epr. double : en tout 26 Estampes.

49 Vieillard à front chauve. — Vieillard un bonnet sur
la tête. — Homme tête nue, vu de trois-quarts. —
*La Boudeuse.* — Feuilles d'Etudes de quatre demi-
Figures et Têtes : à ces cinq pièces, 1770. — Cinq
feuilles d'Etudes, Têtes et autres, à la 1.ʳᵉ 1803, à la
2.ᵉ 1795, à la 5.ᵉ 1770. — La Chatte. — Deux Etudes,
Têtes de vieillard (même pl.) : on les attribue à
Boissieu.—Homme à barbe courte, d'apr. Van Dyck,
1770. — Homme en manteau et les mains croisées,

*Suite des Morceaux par* BOISSIEU.

d'apr. Teniers, 1893 : de ces 14 morceaux le 6ᵉ et le 12ᵉ
en larg. (n.ᵒˢ 104 à 113, 122, 123, 126 et 127, page 49.)

*Nota.* Des 2 derniers Morceaux des Epr. doubles avec
des différences; les Pièces n.ᵒˢ 108, 113, 126 et 127 sur
papier de soie : en tout 16 Estampes.

50 Chasseur sortant d'un bois, son fusil sur l'épaule ;
d'apr. J. Wynants, 1806 ; — Bouvier assis sous de
grands arbres, près d'un canal où sont deux Vaches;
d'apr. Ruisdael, 1806 : 2 très-grandes Estampes en
larg. ( n.ᵒˢ 129 et 134, page 52.)

Prem. Epr. sur papier de soie; elles sont avant l'adresse
d'*Artaria*.

51 L'Ouragan, d'apr. Hermann-Svanwelt, 1772.—Villageois prêt à passer à gué une rivière où sont deux Vaches
et un Chien, 1803. — Pays montueux, où des Pâtres
et des Animaux traversent une rivière : ces deux Morceaux d'apr. Berghem. — La Digue rompue, d'apr.
Asselin-Craesbèke, 1782. — Le Moulin à eau; près
de là, à droite, deux Dessinateurs. — Le Moulin de
Ruysdael, 1774. Campagne où est un Champ de blé,
1772. — Pâtre et Taureau traversant une rivière,
1772 : ces quatre Paysages d'après Jacq. Ruysdaël;
8 Morceaux en larg., la plupart de grande proportion.
(n.ᵒˢ 130 à 133, et 135 à 138, page 52.)

Plus, du Moulin de Ruysdael, 1 Épr. double et 1
contre-Épr.; du Pâtre et du Taureau traversant une rivière,
1 Épr. double seulement à l'eau-forte; les Pièces n.ᵒˢ 131,
132, 136 et 138 sur papier de soie : en tout 11 Estampes.

52 Le Repos des Faucheurs, d'apr. Adrien Van den
Velde, 1795. — Les Charlatans, Sujet dit *les Grands
Charlatans*, d'apr. le Tabl. de K. du Jardin, au

Musée royal, 1772. — Deux Femmes et un jeune Garçon près d'un lavoir où tombent les eaux d'une fontaine, d'apr. le Poussin, 1804. — Pâtre jouant du flageolet près d'une Bergère qui garde des Chèvres, d'après Claude le Lorrain : 4 Estampes en largeur (n.os 139 à 142, page 54.)

Les Épr. des 3 derniers Sujets sur papier de soie.

**BOLSWERT, (Par SCHELTE à)** *Graveur des Pays-Bas.*

53 Le Festin d'Hérode; Christ Tit.; *PRÆDICAMVS CHRIS-TVM*..... Conversion de Saint Paul, Vierge et Enfant-Jésus, Tit. *OSCVLETVR ME*....Vierge dite *à l'Agneau* : 5 Estampes ; la 2e et les deux dernières en haut.

**BOTH, (Par JEAN)** *Peintre hollandais.*

54 Différens Paysages avec Figures et Animaux, savoir : — 1 Rustre et son Chien, Femme sur un Mulet, et Mulet chargé : ils marchent sur un terrain élevé.— 2 Mendiant attendant le Passage d'un Charriot. — 3 Rustre conduisant un bœuf. — 4 Paysan et son Chien se désaltérant à une source : Estampes en haut. avec des n.os. (n.os 1 à 4, page 60.)

Ép. avec les mots *MATHAM EX* au-dessous du nom de Both, et avant les n.os.

55 Différentes Vues : — 1 de *Ponte-Molle* ; — 2 de la Voie Apienne ; — 3 du Tibre dans la Campagne de Rome ; — 4 de Tivoli, à six lieues de Rome ; — 5 du Tibre, près le mont Soracte ; 6 d'une Campagne, où un Torrent se précipite du haut d'une chaine de montagnes : Estampes en larg. avec des n.os (n.os 5 à 10, page 62.)

Anciennes Épr. avant les n.os.

56 Les Cinq Sens de l'homme : la Vue (T'GESICHT) ; le
M.<sup>d</sup> de Lunettes ; — l'Ouie (T'GEHOOR) ; Paysan lisant
la Gazette ; — l'Odorat (DE REUCK) ; jeune Femme
nettoyant un Enfant ; — le Goût (DE SMAEK) ; la Marchande de gâteaux ; — le Toucher (T'GEVOEL) ; l'Arracheur de Dents, d'apr. And. Both : 5 Estampes en
haut. (n.<sup>os</sup> 11 à 15, page 63.)

　BOUT, (Par PIERRE), *Peintre des Pays-Bas.*

57 Différens Paysages, savoir : — 1 Marchands de Poissons ; — 2 Patineurs ; — 3 Traîneau sur la glace ; —
4 Chasseurs à la fontaine ; — 5 Jetée en avant d'une
rive : Estampes en larg. (n.<sup>os</sup> 1 à 5, page 65.

　　Anciennes Épr. ; à droite de la marge, au prem. Morceau : *Mart. Vanden Enden, excudit ;* la dernière Estampe
( *la Jetée* ) est la plus rare des cinq.

　BREENBERG ou BREENBERGH, (Par BARTHO-
LOMÉ ) *Peintre hollandais.*

58 Vue et Paysages, savoir : 1 le Titre suivant en 9 lignes
gravées sur un piédestal : *Verscheijden Vervallen
gebouwen.... Bart. Breenbergh. Schilder. Gedaen
in't Iaer* 1640. — 2 *Calidorium* des Thermes de
Dioclétien. 3 Thermes de Dioclétien ( *manque* ).
4 Maison et Tour. — 5 Tour hexagone. — 6 Murs
de Rome, 1640. — 7 Ruine à Saint-Laurent-le-Vieux.
— 8 Aqueduc de *Meza via*, 1640. — 9 Tour Léo-
nine, 1640. — 10 Fragmens du Colisée. — 11 *Ponte
Mamolo*, 1639. — 12 Grotte de Valmontone. —
13 Thermes de Caracalla, 1631. — 14 Hôtellerie
de *Prima Porta.* — 15 Cascade à *Ponte della Trave*,
1639. — 16 Restes d'un Palais à Tivoli. — 17 Partie
de la Voie *Flaminia.* — Plus 18 Vue de la *villa* des

*Suite des Morceaux par* BREENBERG.

Empereurs, à Rome, 1640 : ces 17 Estampes très-petites P. en haut. (n.ᵒˢ 1 et 2, 4 à 18, page 68.)
Manque à la Suite des 17 Pièces la 3ᵉ.

59 Le Satyre prenant Corisque par les cheveux; Sujet tiré du *Pastor fido*, poëme de Guarini. — Substructions des Thermes de Titus, 1640. — Vue des environs du Colisée, 1640. — Vestiges des Thermes de Caracalla. — Intérieur de la Grotte dite d'*Aqua Farella*, 1640. — Vue des restes du Temple du Soleil et de la Lune, du côté du Colisée; ce dernier Morceau attribué à Breenbergh : 6 petites Estampes. La 1.ʳᵉ et les 2 dernières en haut. (n.ᵒˢ 19 à 23, et n.ᵒ 31, page 69.)
*Nota.* L'Épr. du Sujet de Corisque laisse à désirer pour la conservation.

BROWNE, (Par JOHN) *Graveur anglais.*

60 La Cascade, par *John Browne.* — La Solitude, par *Wilson Lowry*, d'apr. Gaspar Poussin : 2 Estampes en larg.
Épreuves avant la lettre.

CABEL, (Par ADRIEN VANDER) *Peintre hollandais.*

61 Paysages et Marines, la plupart ornés de Fabriques et de Figures : 51 morceaux des 60 dont l'œuvre de ce maître est ordinairement composé; plus, le portrait de Cabel, gravé par *Bouchet* en 1693 : 52 Estampes de proportions différentes : 6 en haut.
Plusieurs des Pièces de cet article sont prem. Épr.

CANAL, (Par GIOVANNI-ANTONIO) *Peintre italien.*

62 *VEDUTE Altre prese dai Luoghi altre ideate DA*

ANTONIO CANAL...., Suite dédiée à Gius. Smith :
3r Estampes : 5 sont en haut.

## CARALIUS ou CARAGLIO, *surnommé* JACOBUS VERONENSIS, (GIOVANNI - JACOPO) *Graveur italien.*

63* Le Saint-Esprit descendant sur les Apôtres assemblés dans le Cenacle, composition de 15 Figures, d'apr. Raffaello Sanzio : cette Estampe, en larg. et sans marque, est attribuée à Caralius ; d'autres la croient de Marc-Antoine.

## CARRACCI, (Par LODOVICO et ANNIBALE) *Peintres italiens.*

64 Quatre Anges rendant hommage à la Sainte-Vierge, qui tient l'Enfant-Jésus ; par *Lod. Carracci* ; la Sainte-Famille à la Colonne, 1590 ; la Vierge dite *à l'Ecuelle*, 1606 ; le Christ mort : Sujet dit *le Christ de Caprarole*, 1597 ; Jésus et la Samaritaine, 1610 ; Saint-Jérôme dans une Grotte, et la Magdelaine dite *à la Natte* : de ces 7 Estampes, la 1.<sup>re</sup> et les 2 dernières en haut.

 Les Épr. des 1.<sup>er</sup>, 2, 3 et 4.<sup>e</sup> Sujets avant les noms des Édit. *Piet. Stefanoni et Nio. Van Aelst.*

## CHATEAU, (Par GUILLAUME) *Graveur français.*

65 Martyre de Saint-Etienne, d'apr. Ann. Carrache ; la Manne, les Aveugles de Jéricho, Jupiter enfant, nourri du lait de la Chèvre Amalthée ; Armide, avec l'aide des Amours, transportant Renaud endormi, d'apr. N. Poussin : 5 Estampes en larg. ; les 3 prem. d'apr. des tabl. du Musée royal.

 L'Épr. de la seconde Pièce est avec le nom de *Geyton*,

celle de la troisième est avec les armes de Colbert, et avant la lettre.

**CHEREAU**, dit *le Jeune* (Par JACQUES) *Graveur français.*

66* La Sainte Vierge, l'Enfant - Jésus et Saint Jean, d'apr. le Tabl. de Raphaël, au Musée royal : pièce dite *la belle Jardinière : Estampe en haut. et cintrée.*

Épreuve avant la lettre.

**DANCKERTS**, (Par DANCKER) *Graveur flamand.*

67 Chasse aux Pinçons, n.° 57 (*).—Chasse au Cerf, 58. — Les quatre Points du Jour, 68 à 71. — Femme qui se repose, 1.re Pièce d'une Suite de 4 Morceaux, 90 à 93. — Le Retour des Champs, etc. Suite de 6 Morceaux, 94 à 99. — La Conversation, etc. Suite de 4 morceaux, 128 à 131 : ces Sujets par *Danckerts ;* plus, 16 P. par *Gronsvelt* et autres ; en tout 35 Estampes, d'apr. N. Berghem.

*Nota.* Manque une Pièce à la Suite dite *le Retour des Champs.*

**DEL-PO**, (Par PIETRO) *Graveur italien.*

68 Le Christ mort, d'après Ann. Carracci; l'Annonciation, Jésus-Christ dans la Crèche, la Fuite en Egypte, le Christ mort, Jésus apparaissant à la Madeleine, sous la forme d'un Jardinier; Saint Paul enlevé au troisième Ciel, Sainte Françoise, Achille reconnu, d'après N. Poussin, par *Del-Po ;* plus, le Repos en Egypte, P. déd. à Mich. Ange

______

(*) Voir, pour ce n.° et ceux indiqués à la suite des Pièces du même article, le Catalogue de l'Œuvre de Nic. Berghem, pag. 147 de notre Catalogue du Cabinet de feu de Silvestre, Maître à dessiner des Enfans de France. Paris, 1810, 1 vol. in-8°.

Ricci, et le Parnasse : ces deux Morceaux d'apr.
N. Poussin; par *Giouani Dughet :* en tout 11 Est.
les 1re, 2, 3, 5, 6, 7 et 8e en haut.

### DESNOYERS, (Par M.r AUGUSTE BOUCHER) *Graveur français.*

69* Portrait d'Homme représenté en pied, gravé d'apr.
le Tabl. peint par M.r Gérard en 1805 : au milieu de
la marge du bas un timbre : gr. Estampe en haut.
imprimée par *Ramboz.*

### DIEPENBEECK ou DIEPENBÈKE, (PAR ABRA- HAM) *Peintre hollandais.*

70 Paysan assis au pied d'un arbre; il tient la bride
d'un Ane, debout devant lui : sur le ciel, à droite,
*Van Diepenbeeck fe* écrit à rebours : petite P. en
larg.; plus, la copie gravée de même grandeur, mais
de sens opposé, et sans nom d'auteur.

### DIES, (Par ALBERT-CHRISTOPHE) *Peintre et Gra- veur hanovrien.*

71 Vues des *Villa* Borghèse et Mécène (2); des Thermes de Caracalla; du Lac Némi; de Tivoli et des
environs (7); de ces 12 Estampes, 4 en haut.

### DIÉTRICH ou DIETRICY , (Par CHRISTIAN- WILHELM-ERNEST) *Peintre allemand.*

72 La Nativité, 1740. — La Nativité, Composition à
l'imitation de Rembrandt. — La Fuite en Egypte :
St. Joseph tient un flambeau, 1734. — La Fuite en
Egypte : un ange éclaire la marche, P. en haut, 2
Epr. avec différ. — L'Enfant Prodigue, P. en H.,
1756. — La Descente de Croix, P. en H., 1742. —

Le Baptême de l'Eunuque, 1740. — St. Jacques prêchant, 1740 ; en tout 10 Estampes.

73 Vénus sur des rochers , Imit. de Poelenburgh , 1742. — Combats de Tritons , 3 Compositions imitées de Salv. - Rosa : à 2 de ces derniers Morceaux , 1763. — Deux Nymphes près d'un Satyre, 1763. — Le Satyre et le Passant , deux Compositions de ce sujet ; à la plus grande de ces P. , 1739 ; à l'autre , 1764. — Le Marchand de Lunettes , P. en H. , 1741 , 2 Epr. avec différ. — Le Gagne-Petit et le Savetier , P. en H. , 1741 , 2 Epr. avec différ. — Concert villageois , 1756. — Danse de l'Ours , P. en H. , 1764. — Le Charlatan , P. en H. et cintrée , 1740. — L'Arracheur de dents , P. en H. , 1767. — Le Marchand de Mort-aux-Rats , P. en H. , 1732. — Hongrois vendant de la Mort-aux-Rats , P. en H. , 1757. — Soldat tenant son casque , 1762. — Le Mendiant , P. en H. , 1764. — Les Musiciens ambulans , sujet en demi-Figures , Imit. d'Adr-Van-Ostade ; en tout, 20 Estampes.

74 Pontife juif. — Vieille dans un fauteuil , 1731. — Homme tenant des lunettes , 1731. Deux Enfans : on lit sur un papier que l'un d'eux tient, le nom du Maître, et l'année 1739. — Prêtre hollandais , 1732. — Moine à large barbe , 1732. — Homme en bonnet élevé , 1732. — Homme avec bonnet orné de plumes, 1732. — Femme en toque, 1732. — Homme dont la coiffure est ornée d'une aigrette. — Homme vu de profil , 1732. — Homme le regard élevé , 1732. — Religieux franciscain , 1731. — Homme la main sur sa poitrine , 1731. — Homme les bras croisés ,

*Suite des Morceaux par* DIETRICH.

1731. Jeune Fille tenant le bout de son tablier. —
Vieillard à barbe, 2 Epr. — Deux Têtes de femmes.
— Têtes d'Homme et Tête de Femme, 1742.—Trois
Têtes de Paysans , 1763 : tous ces Morceaux, demi-
Figures ou Bustes. — Vieillard debout : devant lui
un homme à genoux ; en tout 24 Estampes.

> Cet article provient du Cabinet de M. le C. R. ( Voir le
> n.° 239 de notre Catalogue.)

75 Berger conduisant son Troupeau vers une vieille
arcade : Imitation de Berghem , 1740. — Pâtre près
de deux jeunes Filles qui gardent des Moutons : Imit.
de Poelenburgh, 1740. — Jeunes Filles et des Animaux à l'entrée d'une caverne : Imit. de Poelenburgh , 1741. — Vue du temple de la Sybille et des
Cascades de Tivoli,1745.—Diverses Scènes pastorales
et autres ; Vues de Villages, de Petits Ports, de
Prairies , Paysages avec Fig. et Animaux, etc. Plusieurs de ces Pièces, à l'imit. de S.-Rosa , et de
Jac. Ruysdaël ; 42 Morceaux, à 26 des dates de
1742 à 1764. — Cinq Etudes d'animaux et de têtes
d'animaux ; à 2 , les dates de 1742—44 ; en tout,
compris une Pièce double, 52 Estampes.

DOES *père* , ( Par JACQUES VANDER ) *Peintre
hollandais.*

76 Un Bélier et quatre Moutons dans une campagne : à
la droite dans l'éloignement, en avant d'une baraque,
un Pâtre et des Moutons, Morceau en larg. gravé en
1650. (n.° 1, page 113.)

> Pièce très-rare ; plus, la Copie par *A. Bartsch* 1 2 Epr ,
> 1 est avant le nom de ce Graveur.

DORIGNY , ( Par NICOLAS ) *Graveur français.*

77 Sept Sujets tirés des Actes des Apôtres , d'apr. des Cartons de Raphaël qui sont au palais d'Hamptoncourt. — Les Evangélistes , d'apr. les Peintures exécutées par le Dominiquain , dans les 4 pendantifs du dôme de l'église de Saint-André-della-Valle , à Rome ; 11 gr. Estampes , les 4 dernières en haut.

DUCHE, DUGHET ou DUGET , surnommé le POUSSIN , ( Par GASPARO ) *Peintre italien.*

78 Quatre Vues prises dans les campagnes de Rome.— Quatre Paysages de sites agrestes ; à ces 8 Sujets ornés de Fig. : *Gasparo Duche in sculp. Romæ.* Les 4 derniers dans des ronds.

DU JARDIN , ( Par KARLE ) *Peintre hollandais.*

79 L'Œuvre de ce Maître ; savoir : — 1 Fontaine en ruine ; on y lit K. DU JARDIN *fe. et Excud.* 1652, A. D. — 2 Les Mulets. — 3 La Vache et le Veau. — 4 Les Chevaux. — 5 Les Chiens. — 6 Les Anes. — 7 La Chèvre et les Moutons. — 8 Les Cochons. — 9 Le Village. — 10 La Cascade. — 11 Les Deux Hommes dans la campagne. — 12 Restes d'un Temple. — 13 Les Chèvres et les Chevreaux. — 14 Les Moutons et la Chèvre. — 15 Les Deux Cochons. — 16 Les Trois Cochons. — 17 Les Deux Arbres. — 18 Les Moutons et l'Ane. — 19 Le Paysan et les Deux Anes. — 20 Les Conducteurs de Mulets. — 21 Villageois au bord de l'eau. — 22 Le Bouvier et les Bœufs.—23 Le Berger et les Animaux. — 24 Les Deux Bœufs. — 25 Les Chevaux et la Charrue. — 26 Le Bœuf et l'Ane.—27 Le Passage de la rivière.—

28 Le Champ de bataille. — 29 Le Mulet et les
deux Anes. — 3o Le Pâtre, le Bœuf et le Veau.—
— 3i La Bergère et les Animaux. — 32 L'Ane et les
Moutons.—33 Les Chèvres et les Moutons.—34 Le
Taureau, la Vache et le Veau. —35 à 42 Moutons,
Chien, Chat. — 43 Vieillard, Femme et Jeune Garçon. — 44 Etudes de têtes et Griffonnemens. —
45 à 5o Paysages, à 5 des Fig. et des Animaux.—
Le Joueur de flûte (*). — 5i La Danse du Chien.
Ces 5i Estampes portent 1 p. 9 l. à 7 p. 3 l. de haut.,
sur 1 p. 11 l. à 7 p. 4 l. de larg. (n.º 1 à 5o et
5i, pag. 115.)

> Anciennes Épr., mais où l'on a graté au Titre le nom de
> l'Éditeur qui forme ordinairement la 4.ᵉ ligne.

8o Deux Chèvres et deux Chevreaux, n.º 13.—Les deux
Bœufs, l'un se frotte contre un pieu, 1655, n.º 24.
—Villageoise accompagnée de son chien, un Ane et
un Bélier traversant une rivière, n.º 27. — Cavalier
sur un champ de bataille, où sont deux morts, un
Cheval, et plus loin un jeune Garçon chargé de dé-
pouilles, 1652, n.ᵉ 28. Ces 4 Estampes en larg.

> Prem. et rares Épr. avant les nᵒˢ.

8i Devos, poëte hollandais, vu à mi-corps et presque de
face, un rouleau de papier à la main gauche : dans
la marge quatre vers de Vondel, *Zoofpant Natuur
door Vos. . . . . . . . boghtige trompet.* Estampe en
haut. (n.ᵉ 52, pag. 115).

> Morceau extrêmement rare.

---

(*) Voyez, pour ce Morceau attribué à Du Jardin, l'article
Berghem, page 9 du présent Catalogue.

**DURET**, (Par Pierre J.) *Graveur français.*

82 Fête sur le Tibre à Rome, Vue des Environs de
Naples, Rade d'Italie, Gondole Italienne, Arrivée
des Pêcheurs, etc., d'après Jos. Vernet. 7 Estampes
en larg.

Épreuves avant la lettre.

**EDELINCK**, (Par Gérard) *Graveur né à An-
vers.*

83* La Sainte-Famille de Jésus-Christ, accompagnée de
sainte Anne, du jeune saint Jean et de deux Anges,
d'après le tableau de Raphaël au Musée Royal. Estampe en haut.

Épr. avant les armes de Colbert au bas du milieu du
Sujet.

**GELÉE, GILLÉ, GIELLE** *ou* **GELLÉE** *dit le*
**LORRAIN**, (Par Claude) *Peintre français.*

84 Différens Sujets dans des Paysages, et une Vue, savoir :—1 La Fuite en Égypte.—2 L'Enlèvement d'Europe, 1634.— 3 Mercure et Argus, 1662. — 4 Le
Temps, Apollon et les Saisons, 1662. — 5 Vue de
*Campo-Vaccino* à Rome, 1636; titre : Via sacra
detto.... Plus, une contre Epr. de cette vue : elle est
sans titre. 6 Estampes en larg., la 1.re de petite proportion, (n.º 1 à 5, pag. 144).

85 Vue de Mer par un gros temps, 1630. Voyageur assailli par des voleurs, près d'une forêt, 1633. Estampes en larg. (n.º 6 et 13, pag. 145).

Épr. très-rares ; à la prem., celle de la *Vue de Mer*, sur
le devant un matelot amarre un canot : aux Épr. suivantes
cette figure n'existe plus ; à la 2.e, le *Voyageur*, le Palmier
qui fait partie des arbres de la gauche est avec toutes ses

branches ; aux secondes Épr. la 5.ᵉ branche du palmier, en
partant du corps de l'arbre, et en remontant à droite, est
supprimée.

86 Différentes Marines et Paysages, Suite de 12 P., savoir : — 1 Vue de Mer par un gros temps, 1630. —
2 Danse d'un Pâtre et d'une jeune Fille.— 3 Vaisseau battu par les flots. 4 Berger jouant du flageolet,
1636. — 5 Environs d'un Port. — 6 Danse d'un Pâtre
et de deux Villageoises.—7 Port de Mer, à droite une
Galère abritée sous un monument percé d'arcades.
— 8 Voyageur assailli par deux voleurs, 1633. —
9 Port de Mer, à gauche une vieille Tour et un Bâti-
ment qu'on radoube, 1641. — 10 Villageois et Villageoise précédés d'un Troupeau.— 11 Vue de Mer au
Soleil couchant. — 12 Villageois et Villageoise près
d'une jeune Fille, montée sur un Ane : des Animaux les précèdent. Estampes en larg. : dans les
marges gauches des n.ᵒ de 1 à 12 (n.ᵒ 6 à 17, pag. 145).

87 Différens Paysages, où sont représentées des Scènes
Champêtres et autres, savoir : — Berger et Bergère
gardant un Troupeau : la Bergère semble montrer
quelque chose avec sa main gauche. — Villageois
et Villageoises regardant danser un berger et deux
jeunes filles.— Pâtre conduisant des animaux, 1651.
— Berger assis au pied d'un grand arbre : il joue du
chalumeau, 1663. — Le Passage d'un Gué. — Les
quatre Chèvres. — Les trois Chèvres. — Villageois
qui conduit deux vaches et une chèvre. — Campagne
où un ange est près d'un religieux (n.ᵒ 18 à 26, p. 146).
Plus, Bouvier faisant boire cinq vaches et une chèvre
à une rivière : tout au bord du devant à gauche, sous

*Suite des Morceaux par* GELÉE.

le trait carré, le nom du maître. H. 3 p. 8 l., L. 6 p. 2 l.
non compris 14 l. de marge : de ces 10 P. celles sous
les n.ᵒˢ 23, 24 et 25 en haut.

> *Nota.* Du Sujet représentant *le Berger et la Bergère gar-*
> *dant leur troupeau*, 3 Épr., 2 toutes prem. où l'on voit
> entre les arbres de la droite une ville à murs crenelés;
> dans les secondes Epr., cette ville effacée est remplacée
> par des montagnes : en tout 12 Estampes.

**GENOELS,** ( Par ABRAHAM) *Peintre flamand.*

88 Différentes Vues et Paysages, à plusieurs des Monumens et des Ruines, à d'autres des Épisodes tirées
de l'Histoire, des Scènes Pastorales, etc. 54 Morceaux des Pl. n.ᵒ 1 à 72, ils sont de formats différens
(n.ᵒ 6, 9, 12 à 18; 20 à 26, 29 à 39, 53 à 68, 71 et 72,
pag. 148).

> *Nota.* Du Trajet, n.ᵒ 26, 2 Epr.; de l'Arc de Triomphe,
> du Pays stérile, du Bourg, du Tombeau, des Pierres dans
> l'Eau, du petit Troupeau de Moutons, et du Chemin le
> long des Rochers, n.ᵒˢ 32 à 38, des Épr. doubles, les prem.
> avant la lettre : en tout 62 Estampes.

**GESSNER,** (Par SALOMON) *Peintre suisse.*

89 Sujet de la Fable, Idylles et Scènes Champêtres, 10 P.
5 sont en haut. — Scènes diverses, Idylles, etc. 10 P.
en haut. — Vues et Paysages. 12 P. en larg., à la 1.ʳᵉ
à Zuric, chez D. Gessner, *libraire.—X Paysages*
*dédiés à* MR. *Watelet, par son ami* S. *Gessuer.*
P. en haut. Vues de Suisse. 6 p. P. en larg., d'après
L. Hess et Wust: ces cinq suites, dont la plupart des
Morceaux sont de grandeur inégales, portent des n.ᵒˢ.
En tout, compris une Epr. double, 49 Estampes.

*Anciennes Épreuves.*

### GIAMPICCOLI ou JAMPICCOLI, (Par Juliano) *Graveur italien.*

90 *Racolta di* 12 *paesi inventate e dipinte dal celebre Marco Ricci, posto in luce da G. Wagner in Merceria Venezia.* Pièces en larg. marquées Y 1 à Y 13 : à la prem. le titre.

### GLAUBER, ( Par Jean ) *Peintre hollandais.*

91 Vue de la Grande Chartreuse en Dauphiné, 6 P. — Différens Paysages ; 12 Morceaux : vers le milieu du premier, deux Femmes assises ; une est appuyée sur une butte ; suite avec des n.⁰ˢ. — Villageois conduisant un Batelet où sont trois Femmes : ces 19 Sujets sur les Dessins du Graveur.—Différens Paysages ; 6 P. d'apr. Gaspar Poussin : à la première à gauche, près de deux grands arbres, deux Hommes, l'un assis, l'autre couché : à cette suite des n.⁰ˢ. — Berger conduisant un Troupeau, *Molo pinxit;* en tout 26 Morceaux, deux de la prem. suite en haut. (n.⁰ 1 à 26, pag. 155). Sujets de l'Histoire Sacrée et de l'Histoire Profane, Allégories, etc., d'apr. G. Lairesse, 29 P. avec des n.⁰ˢ de 2 à 30 ; douze, celles numérotées 2 à 7, 20 à 23, 28 et 29 en haut., celles numérotées 24 à 27 en carré. — Plus, par *J. Gott. Glauber,* le Pâtre et la Bergère, P. en haut. ; et l'Ouragan : le prem. Sujet sur le Dessin du Graveur, le deuxième d'apr. Gaspar Poussin ( n.⁰ˢ 1 et 2, pag. 157 ).

Nota. De la Suite des 12 Paysages, 5 avant la lettre ; on ne trouve de n.⁰ˢ qu'aux 11.ᵉ et 12.ᵉ ; du 3.ᵉ des 6 Paysages d'après Le Guaspre, 2 Épr., 1 est avant la lettre et avant le n.⁰ : en tout 58 Estampes.

### GMELIN, ( Par Guillaume Frédéric ) *Dessinateur et Graveur allemand.*

92 Six Vues : la prem. de la Grotte de Vulcain, la 6.ᵉ du

Temple de Sérapis : à ces Estampes en larg., à droite
dans la marge, des n.<sup>os</sup>.

**GRIMALDI** *dit le* **BOLOGNESE**, ( Par GIOVAN-
NI FRANCESCO ) *Peintre italien.*

93 Paysages ornés la plupart d'Épisodes tirées de l'Histoire Sainte ou de l'Histoire Profane, de Scènes pastorales, etc.: par *Grimaldi,* sur ses Dessins, et d'ap.
Ann. Carracci et Tiziano: 40 P.; neuf dans des ronds,
et 3 en haut.; en tout, compris une pièce double, 41
Estampes.

**H. et J. JONCKHEER** , ( Par P. V.) *Peintre des
Pays-Bas.*

94 Chiens dans diverses attitudes : 8 pièces , savoir : —
1 Six Chiens près d'une loge où est un Dogue. H. P. V,
1654. — 2 Deux Chiens en laissse. — 3 Chien cou-
vrant une Chienne. — 4 Combat d'un dogue et d'un
Levrier. — 5 Chien devant sa loge ( *manque* ). —
6 Chien debout enchaîné à sa loge. — 7 Chien accou-
rant vers deux Chiens qui décharnent une tête de cheval. — 8 Chien de chasse jappant après deux Levriers
en laisse : à cette suite des n.<sup>os</sup>. — Levrier debout
près de deux Chiens qui se reposent: P. V. H. *f.*—Les
quatre Levriers : un couché se gratte l'oreille; à terre, à
gauche : *J. Ionck heer f*; ces 9 Estampes en larg. (n.<sup>os</sup>
1 à 4, 6 à 9 et 12 , pag. 160 ).

*Nota.* Les Épr. de la prem. Suite sont de l'Édition de
*Clément de Ionge.*

**HACKAERT** *ou* **HAKKERT**, (Par JEAN) *Peintre
hollandais.*

95 Vue et Paysages, 6 P., savoir: — 1 La Porte d'Eau de

la ville de Gorcum: dans la marge, à gauche: *Joannes
Hackaert invent. et fecit*: à droite, **Clement de Ionghe** *excud. Amst.* — 2 Le Chemin. — 3 Le Ruisseau. — 4 L'Arbre incliné. — 5 Les quatre Arbres.
— 6 Le Rocher: à ces Estampes en larg. des n.<sup>os</sup> (n.<sup>o</sup>
1 à 6, pag. 162 ).

**HECKE,** ( Par **JEAN VENDEN** ) *Peintre flamand.*

96 Différens Animaux, suite de 12 p. : à la prem., au
piédestal d'une pyramide: **PAVLO IORDANO** *Brac-
ciani Duci*...... *Joannes Vanden Hecke* 1656.
— 2 Bélier et Moutons. — 3 Chèvres et Écureuils. —
4 Chevaux et Bœufs. — 5 Chien et Chienne. — 6
Chiens en repos. — 7 Chien qui boit à une fontaine.
— 8 Levriers et autres Chiens. — 9 Les trois Vaches.
— 10 Les cinq Vaches. — 11 Cheval harnaché: il
mange du foin posé sur une charette. — 12 Les deux
Anes et le Chien. Estampes en larg. ( n.<sup>os</sup> 1 à 12,
pag. 169 ).

> Cet article provient du Cabinet de Silvestre. ( Voir le
> n.<sup>o</sup> 822 de notre Catalogue.)

**HOLLAR ,** ( Par **WENCESLAS** ) *Graveur allemand.*

97 La Mort étendant son empire sur les personnes de
toutes sortes de conditions: d'apr. J. Holbein : 30 P.
Estampes en haut. suite dit *la Danse de la Mort.*

**KOBELL,** ( Par **FERDINAND** ) *Peintre allemand.*

98 *Pense Roso*: Intérieurs de Forêts, Vue de Campagnes avec Monumens, autres de Portes de villes,
de Châteaux en ruines, de Bourgs, de Hameaux et
Paysages avec torrent et pont de bois: à la plupart

de ces pièces des Figures. 5o Estampes de proportions différentes , 9 sont en haut.

99 Paysages d'apr. Fer. Kobell , par *Matth. Schmidt ;*
15 P. — Un Paysage d'apr. Franc Kobell : par *Bissel.*
— Vue de Mer, et Grande Chaumière et Grange
à foin, par *Henr. Kobell jeune* : en tout 19 Est.

*Nota.* Du dernier Sujet, 2 Épr. avec différences.

KOLBE, (Par CH...... GUILLAUME ) *Dessinateur et Graveur saxon.*

100 Scènes pastorales, Intérieurs de Forêts et Paysages
avec Figures et Animaux. La plupart de ces pièces
dans le style de Waterloo ; 16 Morceaux : 5 sont en
haut. et de grand format : 11 en larg. : cinq de ces
11 de grande proportion : plus 1 épr. double d'un
des Morceaux en haut. En tout 17 Estampes.

LAAN, ( Par ADRIEN VANDER ) *Graveur hollandais.*

101 Paysages dessinés d'apr. nature en Italie et en Allemagne, par J. Glauber , suite publiée sous le titre
de *Veertig Stuks Landschappen, zoo in Jtalien
als. Duytslandt*..... trente-huit Morceaux compris celui où est le titre. — Plus, trois Paysages, par
*M. C. Elgersma* : deux d'apr. J. Van Huysum, et
un d'apr. L. Fab. Du Bourg. En tout 41 Estampes ,
1 , celle d'apr. Huysum, en haut.

LAER , LAEER ou LAAR , surnommé BAM-
BOCHE, ( Par PIERRE DE ) *Peintre hollandais.*

102 Différens Sujets, avec Animaux, 8 P. : à la 1.$^{re}$, à un
piédestal, la déd. suiv., en 13 lign. : *Ex$^{mo}$* PRIN-
CIPI D. FERDINANDO..... *Romæ superioru: li-*

*Suite des Morceaux par* LAER.

centia *A*ᵒ 1636; — 2 le Paysan et les Chevaux; —
3 le Bouvier et les Bœufs; — 4 la Fileuse; — 5 la
Dévideuse; — 6 le Chasseur; — 7 le Bouvier et les
Buffles; — 8 les Mules; — Suite de Chevaux dans
diverses attitudes; 6 P. avec des n.ᵒˢ. — Divers autres Sujets: — 1 la Famille (composit. qu'on attribue
aussi à Th. Wyck); — 2 Combat au pistolet; — 3 Paysage avec rivière; — 4 Vieille, assise un bâton à la
main (pl. losange); — 5 Cavalier au galop: en tout,
compris une double Epr. du Sujet dit *le Chasseur*,
20 Estampes; la 15.ᵉ en haut. (n.ᵒˢ 1 à 16, et 18 à 20,
page 191.)

**LAIRESSE ou LARESSE**, (Par GERARD DE)
   *Peintre né à Liége.*

103 Sujets tirés de l'Histoire du Vieux et du Nouveau
Testament, Saints et Saintes, Traits historiques,
Scènes fabuleuses, Allégories, Principes du dessin, etc.; Morceaux gravés par *de Lairesse*, et,
d'apr. lui, par *Jac. Baptiste, A. Blooteling, Ab. de
Blois, J. Munnichuysen, G. Valck*, etc.: 134 Est.
les 108 1.ᵉˢ avec les n.ᵒˢ 1 à 90, et 93 à 110.

**LE DUCQ ou DUC**, (Par JEAN) *Peintre hollandais.*

104 Chiens dans différentes attitudes : — 1 Vestiges
d'Architecture, avec bas-relief représentant deux
Enfans et trois Chiens : au-dessous de ce bas-relief,
IOH : LE DUCQ; *Fecit* 1661; — 2 Chien couché,
Chienne debout; — 3 Chien et Chienne; — 4 Chienne
que son petit tète; — 5 deux Chiens se disputant un
morceau de viande; — 6 deux Chiens prêts à se
battre pour une volaille; — 7 deux Chiens qui se

battent ; — 8 Chien buvant à une auge sur laquelle
un Chasseur est assis : Estampes en larg. (n.ºˢ 1 à
8, page 196.)

> Cette Suite, où la prem. Pièce manque, provient du
> Cabinet de Silvestre. (Voir le n.º 788 de notre Catalogue. )

## LEONE, ( Par GUGLIELMO) *Peintre italien.*

105 L'Annonce aux Bergers ; — 10 Morceaux, marches
de Figures et d'Animaux, et repos d'Animaux ; —
Vues d'Italie, 10 P. : à la 1.ʳᵉ, à un cartouche : *All'*
*Illustrissimo signore* IL PRIOR FRA VIRGINIO VALLE.
— Etudes de divers Animaux, 8 P. : en tout 25 Est.
en larg. et de proportions différentes.

> Anciennes Épr. Cet article provient du Cabinet de M. le
> C. R. ( Voir le n.º 449 de notre Catalogue. )

## LOMBART, ( Par PIERRE) *Graveur français.*

106 L'Adoration des Bergers, composition de 9 Figures,
d'apr. N. Poussin : Estampe en larg.

> Épr. avec des armes, mais avant la Dédicace à gauche
> les noms d'Auteurs, à droite celui de *F. Hallier,* Éditeur.

## LONDONIO, ( Par FRANCESCO) *Peintre italien.*

107 Différens Sujets et Animaux, Suite de 16 P. : à la
1.ʳᵉ une Femme assise, un enfant sur le dos ; devant elle, à une pierre : *Ioseph cardinali Pvteo*
*Bonello....* des 15 autres Morceaux, 6 sont en larg.
à toutes des n.ºˢ. ( n.ºˢ 1 à 16, page 201.)

> *Nota.* Du 9.ᵉ Sujet, représentant une Vache couchée et
> un Veau debout, 2 Epr. : la prem. offre un Intérieur
> d'Écurie, la 2.ᵉ un Paysage.

108 Douze Sujets de bergerie : dans le 1.ᵉʳ, où une jeune
Fille trait une Chèvre, à droite, à un vieux mur :

*Suite des Morceaux par* LONDONIO.

*Al nobile Sig*ᵣ *Dundas......* *Roma* 1763 : dans la
12.ᵉ une Femme à genoux devant un enfant endormi,
enveloppé dans une peau de mouton : Estampes en
larg. avec des n.ᵒˢ. (n.ᵒ 17 à 28, page 201.)

109 Six Sujets de bergerie : au 1.ᵉʳ une Fileuse au fuseau,
près de deux brebis et d'une chèvre ; au 6.ᵉ un Berger jouant de la flûte en gardant deux chèvres, un
bélier et un mouton : Estampes en haut. (n.ᵒˢ 29 à
34, page 201.)

110 Douze Sujets champêtres : au 1.ᵉʳ, à une pancarte
devant laquelle sont deux jeunes Filles, l'inscription
A. S. E. *Milord d'Exeter.... Francesco Londonio
Milanese Napoli* 1764; au 12.ᵉ un Intérieur rustique,
où une Vieille fait rôtir des marrons, et une Femme
donne à boire à un petit garçon : Estampes en larg.
avec des n.ᵒˢ. (n.ᵒˢ 35 à 46, page 202.)

111 Dix Scènes champêtres : à la 1.ʳᵉ un Berger endormi,
couché sur le dos, son chien près de lui ; à cette
pièce, dans la marge, *All' Ill*ᵐᵒ *sig*ᵣ *conte consi-
gliere D. Jacop Mellerio.... del sig*ᵣ *conte ;* au 10.ᵉ
Sujet, une Vache, trois Brebis et un Agneau ; plus
loin, une Bergère vue par le dos, et une petite Fille :
Estampes en larg. avec des n.ᵒˢ. (n.ᵒˢ 47 à 56,
page 203.)

Prem. Épreuves.

112 Douze Sujets champêtres : au 1.ᵉʳ un Pâtre assis sur
un rocher, ses jambes pendantes ; à la gauche du
devant, deux Béliers, deux Chèvres, un Mouton
et un Agneau : du même côté, dans la marge, *Fran*ᶜᵒ
*Londonio dipinse.... ed egli med*ᵐᵒ *incise ;* dans le
12.ᵉ un Taureau, un vieux Cheval, une Chèvre et

trois Brebis gardées par un villageois : Estampes en
larg. avec des n.ᵒˢ (n.ᵒˢ 57 à 68, page 204.)
Épreuves sans numéros.

113 Deux Paysages avec Figures et Animaux : dans
l'un un vieux Paysan trait une chèvre, devant laquelle sont trois chevreaux; dans l'autre un Berger,
un petit Pâtre et des Animaux; plus loin, à la
gauche, une espèce de grange ou de cabane couverte en chaume; — Six Etudes d'Animaux, sous le
titre de *Studi di Francesco Londonio..... Conte di*
*Cunio. e Lugo, etc. etc. :* Suite, mise au jour par le
prince Alberino de Barbino, après la mort de Londonio (n.ᵒˢ 69 à 76, page 205); plus, deux Sujets de
Scènes champêtres, d'apr. Fra. Londonio, par *Be-*
*nigno Bossi :* à une la date de 1759 : en tout, 10 Estampes en larg.

LOYR, (Par ALEXIS) *Graveur français.*

114* Moïse tiré du Nil par ordre de la fille de Pharaon,
P. déd. à C. Le Brun en 1667; Enée armé par Vénus; dans la marge, à gauche, deux vers latins : *Ille*
*Deæ donis,.....* à droite: *Vénus arme son fils...* Ces
deux Sujets d'apr. N. Poussin : le 1.ᵉʳ sur un Tabl.
du Musée royal; le Massacre des Innocens, d'après
C. Le Brun, Tit. *VOX IN EXCELSO AUDI-*
*TA.....* JEREM. CAP. 31, VERS. 15 : 3 Est. en larg.;
la 1.ʳᵉ sous verre, la 3.ᵉ de deux grandes feuilles.

MANGLARD, (Par ADRIEN) *Peintre français.*

115 Vues du Tombeau de *Cicilia Metella, Parte di den-*
*tro del Colosseo... Prospetto interno dell' Anfitea-*
*tro Flavio... Ponte della coria, Lamentano, Luca-*
*no, Mamolo, e Salaro; veduta della Girandolla...*

14 Marines et Vues de ports, et 13 Paysages et
compositions : à 23 de ces pièces l'année 1753, à 7
1754 : en tout 37 Estampes.

MANTUAN, (Par GIORGIO GHISI, dit le) *Graveur italien.*

116 Les Nymphes et les autres Divinités champêtres
pleurant, avec Céphale, la mort de Procris ; Cu-
pidon et Psyché, 1574, d'apr. Jules-Romain ; —
Marius à Minturne, d'apr. Polidore ; — des Si-
bylles et des Prophètes, 1540 ; — six Pièces d'apr.
les peintures exécutées par Michel-Ange dans les
angles du plafond de la chapelle Sixtine au Vati-
cán : 9 Morceaux ; les 6 dern. en haut.

> *Nota.* Du prem. Sujet, 2 Épr. ; à la seconde , sur le ciel ,
> trois lignes d'inscription : *PROCRIN ERITREI......*
> En tout 10 Estampes.

MARCO-ANTONIO RAIMONDI, (Par) *Graveur italien.*

117* Dieu apparaissant à Abraham, d'apr. la composition de Raffaello Sanzio, peinte dans la voûte de
la seconde chambre du Vatican ; au-dessus du Sujet
d'Attila , au bord du devant de la terrasse vers le
milieu, une plante qui a 6 feuilles : Estampe en haut.
et sans marque (*) ; Sujet dit *la Bénédiction d'Abraham.*

> Prem. Épr. avant tout nom d'Éditeur (**).

---

(*) Une tablette avec le chiffre ou monogramme formé des
lettres *M. A. F.* , *Marco Antonio fecit* , liées ensemble, ou sans
ce chiffre ou avec ce chiffre, sans tablettes , sont les marques qu'on
trouve à plusieurs ouvrages de Marco-Antonio , dont beaucoup de
Morceaux sont sans aucune marque.

(**) Les Pl. de Marco Antonio ont été successivement mar-

118*La Magdeleine répandant des parfums sur le pied droit de Jésus, à table chez Simon le Pharisien, d'apr un dessin de Raffaello Sanzio : Pièce en larg.; à terre, à droite, vers le bord de l'Estampe, la tablette sans chiffre.

Prem. Épr. sans nom d'Éditeur.

119*Sainte Marthe conduisant au temple sa sœur Marie-Magdeleine, pour y entendre la parole de Jésus-Christ : le Sauveur, entouré de quelques-uns de ses disciples, est assis entre deux colonnes, d'apr. la composition de Raffaello Sanzio, peinte par Giulio Pipi et le Fattore, dans la voûte d'une chapelle de l'église de la Trinité-du-Mont, à Rome : Estampe en larg.; au bas, à gauche, la tablette sans chiffre : cette tablette est coupée à sa droite par le trait carré, qui en diminue la largeur : Sujet dit *Notre-Dame à l'Escalier.*

Prem. Épr. sans nom d'Éditeur.

120*La Sainte Famille : la Vierge est assise à terre ; près d'elle l'Enfant-Jésus dans son berceau; le jeune Saint Jean présente un écriteau au Sauveur; plus loin Saint Joseph, un bâton à la main droite : d'apr. Raffaello Sanzio : Est. en haut.: au coin du devant de la gauche de la terrasse, la tablette sans chiffre, Sujet dit en Italie *la Virgine a lunga coscia* ( la Vierge à la longue cuisse).

Prem. Épr. sans nom d'Éditeur.

121*Saint Paul prêchant à Ephèse : à droite de cette

---

quées des noms d'*Ant. Salamanca*, *Thom. Barlocchi*, *Ant. Lafreri* ou de *Rossi*, Éditeurs.

composition, la statue d'un Guerrier : d'apr. un des
cartons faits par Raffaello Sanzio, pour les tapisseries du Vatican : Estampe en larg.; au coin, à gauche
du devant, la tablette sans chiffre.

> Prem. Épr. de la prem. Pl. (à cette Pl. le piédestal de la
> statue est avec une table renfoncée ). Cette Épr. est sans
> nom d'Éditeur.

122* Martyre de Sainte Félicité : d'apr. Raffaello Sanzio :
Estampe en larg.; à droite au piédestal de la statue de
Jupiter, á une longue tablette, les mots : RA. VR.
IN., et le chiffre du graveur ; Sujet dit aussi *le
Martyre de Sainte Martine.*

> Prem. Épr. de la seconde Pl. ( à cette Pl., la plus rare
> des deux, l'oreille droite de la Sainte n'est pas apparente ).
> Cette Épr. est avant tout nom d'Éditeur.

123* Bacchus assis une coupe á la main gauche : il est
appuyé sur un tonneau ; devant lui un homme à genoux renverse un panier de raisin dans une espèce
de cuve : d'apr. un sujet composé par Raffaello Sanzio, à l'imitation des bas-reliefs antiques : Estampe
en haut. : Sujet dit *la petite Vendange.*

> Prem. Epreuve sans nom d'Editeur.

124* Hercule étouffant le géant Antée : d'apr. Raffaello
Sanzio : Estampe en haut.; à terre, à gauche, tout
près du trait carré, la tablette sans chiffre; la composition de ce Sujet est aussi attribuée à Michel
Agnolo Buonaroti.

> Prem. Epreuve sans nom d'Editeur.

125* L'Empereur Trajan, debout, couronné par la Vic-
toire, d'apr. un des bas-reliefs de l'arc de Constan-

tin : Estampe en larg.; à droite, au haut d'une pierre, au-dessous du bouclier d'un soldat, le chiffre du graveur.

Prem. Épreuve sans nom d'Editeur.

## MARCO DE RAVENNE, *nommé vulgairement* SILVESTRE DE RAVENNE, (Par) *Graveur italien.*

126 Jésus-Christ, et les Apôtres Saint Pierre, Saint André, Saint Paul, Saint Philippe, Saint Jean l'Evangéliste, Saint Thadée, Saint Mathieu, Saint Jacques-le-Majeur, Saint Barthélemy, Saint Simon, Saint Mathias et Saint Thomas, d'apr. des peintures exécutées en grisaille, sur les dessins de Raffaello Sanzio, dans la seconde chambre du Vatican : ces 13 Estampes en haut. : à terre, au milieu, à la 7ᵉ et aux autres à gauche, les lettres R. S. (*Ravenas Sculpsit*) liées ensemble.

*Nota.* Marc-Antoine a gravé les mêmes Sujets : ces Pl. sont de sens opposé à celles de Marc de Ravenne.

## MAUPERCHÉ, (Par HENRI) *Peintre français.*

127 Paysages ornés d'épisodes historiques, tirés la plupart de l'Ancien et du Nouveau-Testament; Sujets de Saints et de Saintes, etc. : un de ces Morceaux, le Sujet de Saint Jean-Baptiste, est en haut. : 32 Estampes.

Cet article provient du Cabinet de M. le C. R. (Voir le n.º 493 de notre Catalogue.

128 Douze Paysages et six Vues champêtres, ornés de figures, de monumens et de ruines : 18 Estampes.

Cet article provient du Cabinet de M. le C. R. (Voir le n.º 494 de notre Catalogue.)

## MECHAU, (Par Jacques) *Dessinateur et Graveur allemand.*

129  *Ponte Cellio, e Molle, Porta Falerium, Giovanni, e St. Paolo ; Avanzi dell'aqua Marzia, Ospitaletto di St. Francesco, e St. Francesco fuori di subiaco, Arco di Druso, Arco della Toretta ; Sotto a Ponte Lupo a Tivoli, Papigno Vicino a Terni :* de ces 12 Estampes, les 9.ᵉ, 10.ᵉ et 11.º en haut.

13o  Vues prises dans les Campagnes d'Italie. 6 P. — *XII Landschaften von I Mechau* 1773, titre gravé au 1.ᵉʳ des 12 Morceaux de cette suite. — Vignette où l'on remarque un Ministre protestant. — Et Scène de Bacchanale : à ce dernier Morceau *Jul. Carpioni pinx Jac Mechau fec aqu : for.* 1770 ; de ces 22 Estampes, une, la vignette, est en haut.

    Cet article provient du Cabinet de M. le C. R. ( Voir le n.º 498 de notre Catalogue. )

## MEER DE JONGE, (Par Jean Vander) *Peintre des Pays-Bas.*

131  Une Brebis et deux Agneaux couchés dans une campagne, 1685. — Riche Paysage où sont à gauche, près de deux grands arbres, une brebis et deux agneaux, à droite un bélier et un mouton couchés : à ce Morceau le nom de *Meer de Jonge* et l'année 1685, écrits à rebours ; ces 2 Morceaux en larg., le second beaucoup plus grand (n.ᵒˢ 1 et 2, pag. 222)

    Morceaux très-rares auxquels nous avons joint les Copies gravées dans le sens des Originaux par *A. Bartsch ;* la seconde en 1803 : en tout 4 Estampes. Cet article provient du Cabinet de M. le C. R. ( Voir le n.º 499 de notre Catalogue. )

**MEIER** *ou* **MEYER,** (Par FÉLIX) *dessinateur et Graveur allemand.*

132 Paysages de Sites agrestes, à l'un d'eux *Félix Mayer Vitoduranus fecit.* — Dix autres Paysages : à plusieurs des rochers et des ruines, et à deux le nom du maître. En tout 16 Estampes en larg. et de proportions différentes.

Treize de ces Morceaux proviennent du Cab. de M. le C. R. ( Voir le n.º 500 de notre Catalogue.)

**MEYERINGH,** (Par ALBERT) *Peintre hollandais.*

133 Différens Paysages, *première Suite.* — 1 Grotte devant laquelle est un piédestal avec bas-relief; au haut d'une gaîne posée sur le piédestal *Eenige Landschappen, geinventeert, en uyt gegeven, door Albert Meyeringh in Amsterdam.* — 2 Le Troupeau. — 3 Le Joueur de flûte — 4 La Fontaine. — 5 Le Sarcophage. — 6 La Femme qui porte un parasol. — 7 Pan et Syrinx. — 8 Le Mausolée. — 9 Le Chariot. — 10 La Pyramide. — 11 Les Cueilleuses de fleurs. — 12 Le Pont. — 13 Les Cascades. — 14 Les Pêcheurs. Estampes en haut (n.º 1 à 14, pag. 227).

134 Différens Paysages, *seconde Suite.* — 1 Le Coup de Vent. — 2 Le Coup de Fusil. — 3 La Fontaine. — 4 La Barque. — 5 Les Ruines. — 6 La Pêche aux Écrevisses. — 7 Le Troupeau de Moutons. — 8 Le Joueur de Flûte et la Bergère. — 9 Le Pont de bois. — 10 L'Inscription. — 11 Mercure et les Filles de Cécrops. — 12 Les Baigneuses. Estampes en larg. (n.º 15 à 26, pag. 227).

MIEL *ou* MIELE, (Par J ean ) *Peintre flamand.*

135 Berger jouant de la musette, trois chèvres sont à sa
droite. — Vieille cherchant la vermine à une petite
fille. — Villageois retirant une épine de son pied :
à ces morceaux le nom du maître (n.° 1 à 3, pag.
128), plus, Berger assis : il trait une brebis ; à gauche
devant la brebis, un bélier et une brebis couchés.
H. 2 p. 10 l., L. 4 p. 6 l. Cette dernière pièce est attribuée à J. Miel. En tout 4 Estampes en larg.

MILET *ou* MILÉ *dit* FRANCISQUE, ( Par
J ean -F rançois ) *Peintre flamand.*

136 Différens Paysages, savoir : *première Suite.*— 1 Les
Pêcheurs. — 2 La double Cascade. — 3 Femme
dans une campagne. — 4 La Baie entourée de mon-
tagnes. — 5 Le Bateau. — 6 Le Sarcophage, Sujets
dans des ronds. — *Deuxième Suite.* — 1 Moïse
sauvé des eaux. — 2 La Fuite en Égypte. — 3 La
Chananéenne. — 4 Céphale et Procris. — 5 Les
Filles de Cécrops, — 6 Le Pâtre. — 7 Les deux La-
pins. — 8 Pêcheur dans un bateau. — 9 La Famille.
— 10 L'Orage. — 11 Le Troupeau. — 12 Les deux
Hommes sur un chemin. — 13 La Cascade. — 14 La
Fontaine. — 15 Pêcheur la ligne à la main. — 16
Homme qui sort de l'eau. P. en larg. — *Troisième
Suite.* — 1 Hommes sur un chemin, un est debout.
— 2 Jeune Fille, un panier sur la tête. — 3 La
Grande Cascade. — 4 Chevaux à la rivière. P. en
haut. — *Quatrième Suite.* — 1 Deux Hommes et
une Femme sur un chemin. — 2 Le Berger. P. en
larg., et plus grande que les précédentes : à tous ces
Morceaux, seulement le nom de Francisque ; ils
sont la plupart attribués pour la gravure, à *Gérard*

*Suite des Morceaux par* MILET.

*Hoet*, ou à *Théodore*, élève de Milet. 28 Estampes (n.º 1 à 28, pag 229).

A plusieurs de ces prem. Epreuves, le nom de *Simon*, Editeur.

137 Pays où une jeune femme appuyée sur un vase, et un jeune homme, sont assis au pied d'un grand arbre; à terre à gauche : *F M in* écrit à rebours, Sujet dit *les Deux Amans*. — Vue d'une Ville antique : à gauche, au sommet d'une colline, un monument à quatre colonnes isolées, des eaux viennent baigner le devant, près de là un pêcheur, Morceau sans marque. P. en larg. ( n.º 29 et 31, pag. 231).

Pièces très-rares regardées comme des Eaux-fortes gravées par FRANCISQUE MILET.

MORIN, (Par JEAN) *Graveur français.*

138 Dix Paysages avec figures, d'après Fouquier, savoir: Le Cavalier, le Porte-balle, le Paysan et la Villageoise en marche, et le Chariot. P. en haut. — L'Hiver, les Moissonneurs, le Retour du Marché, les Chasseurs, le Bouvier et les Bœufs, et la Paysanne et le petit Garçon en route. P. en larg., une (l'Hiver) par Montagne.

MULLER, (Par JEAN GOTTHARD) *Graveur allemand.*

139* La Sainte-Vierge assise, l'Enfant-Jésus dans ses bras : près d'eux le jeune St. Jean en acte d'adoration, Sujet de demi-figures (celle du Sauveur exceptée), d'après le Tableau de Raphaël à la galerie de Florence, composition dans un rond. Estampe presque carrée, pièce dite en Italie *La Madonna della Sedia.*

Prem. Épreuve avant toutes lettres.

## NAIWJNCX, (Par H.) *Peintre des Pays-Bas.*

140 Différens Paysages. 1 La Colline. — 2 Le Rocher.
— 3 La Rivière près du bois. — 4 La Cascade. —
5 Les trois Arbres et le petit Bois. — 6 Le Pont
près des montagnes. — 7 Le Chemin près des rochers. — 8 La Rivière entre les rochers : à ces Estampes presque carrées des n.ᵒˢ (n.ᵒˢ 1 à 8, pag. 252).

    Prem. Epreuves : *Clement de Ionghe excudit.*

141 Différens paysages. — 1 Les deux grands Arbres
au bord du chemin. — 2 Les deux grands Arbres
près de la Rivière. — 3 Le Rocher couvert de buis-
sons. — 4 Le Sentier au bord de la rivière et le petit Pont de bois. — 5 Le Ruisseau au pied des rochers. — 6 Chûte d'Eau. — 7 Le Bois au bord de la
rivière. — 8 Les trois Arbres près du rocher : à
ces Estampes presque carrées des n.ᵒˢ ( n.ᵒ 9 à 16,
pag. 252 ).

    Prem. Epreuves : *Clement de Tonghe excud.*

## NEUE *ou* NEVE, ( Par FRANÇOIS *de* ) *Peintre flamand.*

142 Différens Sujets dans des Paysages. 1.ʳᵉ SUITE. —
1 Diane et Endymion. — 2 Vénus couchée et l'A-
mour au bain. — 3 L'Exercice du petit Chien. —
4 Le Berger : 2.ᵉ SUITE. — 1 Le Pêcheur. — 2
L'Homme en manteau. — 3 Le Soldat. — 4 La
Femme au bord de l'eau. — 5 L'Arbre rompu. —
6 Les Ruines. — 7 La Femme et le Pêcheur ( *manque* ). — 8 Les Moutons : deux autres Sujets : le
Tambour de Basque, et Narcisse au bord d'une
fontaine : en tout 13 Estampes en larg., les deux
dernières de plus grande proportion ( n.ᵒˢ 1 à 10
et 12 à 14, pag. 253 ).

OS, ( Par P. G. van ) *Peintre hollandais.*

143 Bœufs, Vaches et Veau dans des prairies; au prem.
Morceau à droite sur un vieux mur: *P. G. van Os
fec.* 6 pièces en larg.

Deux Suites d'Epr., la prem. Suite est avant la lettre.

OSTADE, (Par Adrien van) *Peintre allemand.*

144 1 Paysan gai. — 2 Paysan riant. — 3 Vieillard vu
de face. — 4 Paysan joyeux. — 5 Fumeur allumant
sa pipe. — 6 Fumeur riant. — 7 Le Boulanger. —
8 Vielleur espagnol, 1647. — 9 Paysan appuyé sur
sa porte. — 10 Fumeur en manteau. — 11 Vieillard amoureux. — 12 Départ pour le marché. —
13 Les deux Fumeurs et le Buveur. — 14 La Bonne
Maman. — 15 Le Pot vide. — 16 La Poupée, 1679.
— 17 Le Maître d'École. — 18 La Querelle des
Joueurs, 1653. — 19 Les Harangueurs. — 20 Vieillard le dos courbé. — 21 Paysan les bras en arrière.
— 22 Homme en chapeau rabattu. — 23 La Grange.
— 24 Paysan en manteau et Paysanne. — 24 *bis*,
Fumeur et Buveur. — 25 La Dévideuse. — 26 Pont
de bois. — 27 Savetier dans son échoppe, 1671. —
28 Vieille en cape. — 29 Marchand de lunettes. —
30 Petit Concert. — 31 Fileuse au fuseau. — 32 Le
Peintre. — 33 Le Père nourricier, 1648. — 34 *Le
Benedicite*, 1653. — 35 L'Epouilleuse ( *manque* ).
— 36 Le Rémouleur. — 37 Vieille près d'un Homme en manteau court. — 38 Musiciens ambulans.
39 Joueurs de trictrac. — 40 Les deux Commères.
41 Le Charcutier. — 42 La Marchande de bière. —
43 Le Charlatan. — 44 Joueur de violon. — 45
Violonneur et Vielleur. — 46 Ménage villageois.

1647. —47 Fête de Village.—48 La Guinguette.—49
Bal villageois. — 50 Le Goûter hollandais. — Le Pis-
seur. — La Tabagie, à la droite de laquelle est une
Fumeuse : ces deux derniers Sujets seulement attribués à Ostade; en tête de la suite, le Portrait d'Adr.
Van Ostade : Pièce en manière noire : *J. Gole
exc*.... En tout 53 p. ( n.° 1 à 50, pag. 265 ).

*Nota*. De la Grange, 2 Epr., 1 est avant les travaux
éclaircis; du *Savetier dans son échoppe*, 2 Epr., la prem.
avant les contre-tailles sur la chaumière et avant la treille
prolongée; le *Charcutier*, seconde Epr.; des Sujets sous
les n.° 1, , 2, 3, 7, 9, 10, 11, 13, 16, 17, 24 *bis*, 25,
30, 36, 46 et 47 de doubles Épr. très-peu différentes : en
tout 72 Estampes.

## PESNE, (Par JEAN ) *Graveur français.*

145 Esther s'évanouissant en présence du roi Assuérus,
d'apr. le Tabl. de N. Poussin, alors au Musée de J.
Cérisier. Gr. Estampe en larg. Tit. CUM ASSUERUS
REX.... CAP. 15.

Prem. Épreuve avant l'adresse.

146 L'Adoration des Bergers ; Tit. : JNUERUNT MA-
RIAM.... *luc. cap.* 2 : Jésus baptisé par Saint Jean,
Jésus et la Samaritaine, le Christ mort, la Sainte-
Vierge et l'Enfant-Jésus : Tit. *Beata es Virgo* ; la
Sainte-Vierge regardant l'Enfant-Jésus qui bénit
Saint Jean; Tit. DILECTUS MEUS MIHI..... *cap.* 2 ;
la Sainte - Famille , Sainte Elisabeth présente le
petit Saint Jean à l'Enfant-Jésus; la Sainte-Famille,
Sainte Elisabeth, Saint Jean et quatre Anges ; l'As-
somption de la Vierge ; Saphira frappée de mort;
Saint Paul enlevé au troisième ciel : P. déd. à

*Suite des Morceaux par* PESNE.

M. de Chantelou : ces 11 Morceaux d'apr. N. Poussin ;
les 2, 5, 6, 7, 9 et 11.ᵉ en haut.

Du Christ mort, 2 Épr. ; à la droite de l'une, derrière
saint Jean, à un bloc de pierre, un Cartouche armorié : en
tout 12 Estampes.

147 Les sept Sacremens de l'Église représentés par des
Sujets de l'Histoire Sainte, savoir : LE BAPTÊME :
Jésus baptisé par Saint Jean dans le Jourdain. — LA
CONFIRMATION : un Évêque administre ce Sacre-
ment à des Fidèles. — LA PÉNITENCE : Jésus chez Si-
mon le lépreux, remet les péchés à la Magdelaine. —
L'EUCHARISTIE : Jésus célèbre la Cène avec ses dis-
ciples et institue le Sacrement de l'Eucharistie. —
L'EXTRÊME-ONCTION : un Prêtre administre ce Sa-
crement à un moribon. — L'ORDRE : Jésus ordonne
Saint Pierre chef de son Église, et donne à ses
Apôtres le pouvoir de lier et de délier. — LE MA-
RIAGE : Saint Joseph épouse la Sainte Vierge, d'ap.
N. Poussin, 7 très-gr. Estampes en larg. de deux
feuilles chaque.

Prem. Epr. (l'Eucharistie et l'Ordre exceptés) avant
l'adresse d'*Audran.*

148 Les mêmes Estampes.

Épreuves avec l'adresse d'*Audran.*

149 La Charité romaine Tit. : *Hinc pater.......* — Testament d'Eudamidas de la ville de Corinthe ; et le
Triomphe de Galathée, d'apr. N. Poussin ; 3 Est.,
la première de demi - Figures est en haut.

PICART, dit le ROMAIN, (Par ETIENNE) *Graveur français.*

150 Sainte Catherine recevant un anneau des mains de

l'Enfant-Jésus ; la Vertu héroïque , 1672 ; Image
de l'homme sensuel 1676 , d'apr. le Corrège.—Sé-
paration de S. Pierre et de S. Paul , d'apr. J. Lan-
franc , 1679.—Jésus-Christ dormant, d'apr. Ann.
Carrache , 1681.—Sainte Cécile jouant de la basse,
d'apr. le Dominiquain ; 6 Estampes sur des Tabl. du
Musée Royal ; les 3 prem. et la 6.ᵉ en haut.

> L'Epr. de la prem. Pièce est avec les armes et la Dédicace
> à Perrault ; à celle de la 4.ᵉ le nom de Goyton ; la 6.ᵉ est
> avant toutes lettres.

151 L'Adoration des Bergers, d'apr. N. Poussin , P. ,
déd. à J. B. Colbert. — S. Paul prêchant à Ephèse,
P. déd. à Colbert-de-Villacerf ; et Saint Gervais
expirant sous les coups de fouets de ses bourreaux ,
P. avec inscript. en deux lignes : LES MARTYRS
POUVOIENT BIEN SE DÉLIVRER .... Ces deux derniers Sujets , d'apr. Eust. le Sueur ; 3 Estampes ;
les 2 premières en haut. , sur des Tabl. du Musée
Royal.

POILLY , ( Par FRANÇOIS de ) *Graveur français.*

152 L'Enfant-Jésus caressant Saint Jean , appuyé sur la
Sainte-Vierge et soutenu par Sainte Anne ; P. dite
*la Vierge au berceau* ; au bas , en une ligne,
l'inscrip. DELICIÆ MEÆ.... *Prov.* 10; la Sainte
Famille, Sainte Anne et Saint Jean , Tit. : IMMOR-
TALITAS EST IN.... *sap.* 8. ; et la Vision d'Ezé-
chiel , d'apr. Raphaël.—L'Adoration des Bergers ,
d'apr. le Guide , Sujet dans un octogone. — La
Vierge , l'Enfant-Jésus , Sainte Anne et Saint Jean ,
près d'eux , S. Joseph appuyé sur une colonne , d'ap.
N. Poussin : ces 5 P. par *F. de Poilly.* — Le Veau

d'Or , d'apr. *N* Poussin , par *J. B. de Poilly* ; 6 Estampes; la dern. en larg. ; la prem. et la troisième sur des Tabl. du Musée Royal.

L'Epr. de la Vierge dite *au berceau* provient du Cabinet de *Nau* ; au bas , à droite, la signature de ce curieux; celle de la Sainte-Famille , d'après Le Poussin , est sans Titre.

**POTTER , ( Par** PAUL **)** *Peintre hollandais.*

153 Différens Animaux.— 1 Taureau debout; derrière lui, à un piédestal : *Paulus Potter f.* 1650 ; à terre, vers la gauche : *Clement de Ionghe excud.* — 2. Vache debout.—3 Vache couchée.—4 Vache qui pâture.— 5 Vache debout près d'un tronc d'arbre couché à terre. — 6 Vache qui pisse.— 7 Bœufs qui se battent.—8 Vaches vues par le dos : Estampes en larg. avec des n.⁰ˢ ( n.º 1 à 8 , pag. 237. )

154 Différens Chevaux. — 1 Cheval couleur gris-pommelé.—2 Cheval gris-tissonné.—3 Cheval dit *Guelledin* d'Angleterre.—4 Deux Chevaux de charrue.— 5 Vieux Cheval dirigé vers la gauche où est un cheval mort ; à ces Estampes en larg. : *Paulus Potter f.* 1652 ( n.º 9 à 13, pag. 288 ).

155 Le Vacher (Pl. coupée) 1649.—Berger jouant de la flûte, 1644. — Vache regardant par-dessus une haie : les 2 prem. Morceaux en larg. ; le troisième en haut., et de petite proportion ( n.⁰ˢ 14 à 16 , pag. 289 ).

Le 3.ᵉ Morceau est très-rare.

156 Différens Bœufs et Vaches , Pièces attribuées à Potter ; à la prem. : *Paulus Potter f. Clemendt*

4 *

*de Ionghe excudit* : 8 Estampes avec des n.ᵒˢ. ( n.º 19 à 26, pag. 291. )

L'Epr. du prem. Sujet est avant les noms; il est ainsi que 6 des autres avant le nº.

**PRADIER**, ( Par M.ʳ C. S. ) *Genevois.*

157 Ducis, J.-B. Suard 1811, d'apr. M.ʳ Gérard ; de cha-cun de ces Portraits 3 Épr. tirées à différens degrés d'avancement des Pl. ; plus, deux Eaux-fortes des Portraits de Saussure et de M.ʳ Redouté. En tout 8 Estampes en haut.

Des 2 prem. Portraits, des Epr. avant la lettre.

**REINHART**, ( Par JEAN-CHÉTIEN ) *Peintre et Graveur allemand.*

158 Jésus dans le désert, Pan jouant de la flûte, Satyre emmenant une Nymphe, le Matin, le Soir, les Voyageurs. — Vue de monumens d'Italie, savoir : Ruines du Colisée (2), *Ariccia, Castel Gandolfo, Palazzola, Vicino a subiaco.* Ces 12 Estampes en larg.

159 Sites et Monumens d'Italie, Restes de la *Villa Adriana*, du Théâtre et Sépulcre des Horaces et des Curiaces à *Albano, in villa Borghese, Ponte Acquoreo, Tempio della Tosse, in villa Mece-nate* (2) : Ruines de la *Villa di Ventidio basso* et une autre Vue à *Tivoli. Vicin'al Circo di Carra-calla, A. Civita Castellana* (3), *A. Subiaco* (3), Sépulcre à *Falerium Città Etrusca ditrutta* : de ces 18 Estampes, 8 en haut.

160 Vues d'Italie, savoir : d'*Ariccia* (2), des Isles près de Naples, de *Palazzola*, de *Papigno* et de *Sa-*

*lerno*, 6 petites P. gravées à Rome en 1804, titres allemands. — Tombeaux antiques, savoir : Intérieur du Sépulcre des *Nasoni*, Sépulcres antiques *in via Nevia* (2), *in via Nomentana* (2), et Sépulcre antique *vicino a Tivoli*, gravées à Rome en 1792. En tout 12 Estampes en larg.

161 Suite de Vues gravées à Rome de 1805 à 1811, six petites pièces avec des n.ᵒˢ. Elles sont dédiées par Reinhart à Guis Abel, peintre à Vienne. — Études de Mulets, Chiens, Vaches, Veau, Bouc, Chèvre ; autres de Têtes de Cheval, Bœuf, Vaches et Chèvres. En tout 28 Estampes, 7 en haut.

RICCI, ( Par MARCO ) *Peintre italien.*

162 *Varia Marci Ricci, Pictoris prestantissimi experimenta ab ipsomet auctore inuenta......ac in lucem edita, anno* 1730, *Venetiis.* Vingt pièces marquées d'un Monogramme formé des lettres *M. R.*; plus, le Portrait de Ricci, d'apr. Rosalba, par *A. Faldoni* : le titre en lettres gravées, etc. En tout 24 Estampes, 2 en haut.

   *Nota.* 10 des Epr. des 20 Sujets sont avant les nᵒˢ.

ROOS, ( Par JEAN-HENRI ) *Peintre allemand.*

163 Différens Moutons et Chèvres, 9 Morceaux : de cette suite 4 pièces ; à la prem. *Dem Wol Edlen Gestrengen........* Titre gravé sur un piédestal en ruine, la 6.ᵉ, la Chèvre couchée ; la 7.ᵉ, les deux Moutons couchés ; la 9.ᵉ, la Chèvre debout. — Différens animaux. Suite de 8 p., savoir : à la prem., sur le panneau d'un piédestal, le titre : *Quelques animaux tirés au vif et gravés sur le cuivre avec*

*Suite des Morceaux par* J. H. Roos.

*estude et travail par* J. H. ROOS M D C L X V.—
2 Agneaux tettant une brebis. — 3 Bouc, Brebis et
deux Agneaux. — 4 Bélier debout et deux Moutons
couchés. — 5 Bouc et Mouton couchés et un Mouton
debout. — 6 Trois Moutons, un debout, deux couchés ( *manque* ). 7 Chèvre avec clochette : près
d'elle deux Moutons : un est debout. — 8 Bouc couché, près de lui un Bélier et deux Agneaux. En tout
12 p. ( n.° 1, 6, 7, 9, 10 à 14, 16 et 17, pag. 3o5 ).

Les Morceaux de la seconde Suite, prem. Epr. avant les
mots *J. de Ram. exoud : cum privilegie* à la Pièce où est le
Titre ; plus, du second Sujet de cette même Suite, une
double Epr. avec quelques différences : en tout 12 Estampes
en larg.

164 Différens Animaux, douze p. divisées en deux suites
chacune de 6 Morceaux ; à la prem. suite des n.°ˢ,
et sur un vieux mur le titre *Beeſtboekje door J. H.
Roos* 1.ᵉ *deel* : à la 2.ᵉ les lettres *A à f*, et au socle
d'une colonne le titre *Beest-Boekje door J. H.
Roos* 2.ᵉ *deel*. Ces Estampes en haut. ( n.° 18 à 3o,
voir pag. 3o8.

165 Bergère assise : devant elle une Vache debout, à sa
droite un Bélier et une Vache couchés, p. sans
nom de maître. Estampe en haut. l'angle du haut à
gauche arrondi ( n.° 3i, pag. 3o8 ).

Nous avons joint à cette Estampe très-rare, et l'une des
meilleures de Roos, la Copie gravée dans le sens de l'Ori-
ginal par *A. Bartsch*.

166 Chèvre couchée à peu de distance d'un piédestal :
sur le piédestal *Johann Henricus Roos. in. et fecit.*
— Mouton debout près d'un Bélier couché. —

*Suite des Morceaux par* J. H. ROOS.

Deux Chèvres et un Chevreau couchés. 3 Estampes
en larg. ( n.º 35 à 37, pag. 309 ).

Cet article provient du Cabinet de M. le C. R. ( Voir le
n.º 683 de notre Catalogue. )

## RUISDAEL *ou* RUYSDAEL, ( Par JACQUES ) *Peintre hollandais.*

167 Grande Chaumière. — Paysage où est un Arbre
renversé. — Chaumière sur un lieu élevé. — Intérieur de Forêt : à ces Morceaux en larg. : *J. Ruys-*
*dael* ou *Rvifdael*, avec ou sans *f* à la suite de ce nom.
( n.º 1 à 4, pag. 313 ).

Cet article provient du Cabinet de Silvestre. ( Voir le
n.º 985 de notre Catalogue. )

## RYSBRACK , ( Par PIERRE ) *Peintre flamand.*

168 Différens Paysages avec Figures, savoir : — 1 Diane
et Actéon. — 2 Femme près d'un Homme assis à
terre. — 3 Les deux Pêcheurs. — 4 Le Lever du
Soleil. — 5 Hommes et Femmes dans une Campagne. — 6 Fabriques et Canal. en tout 6 Estampes
en larg. ( n.º 1 à 6, pag. 316).

## SAFT - LEVEN, ZACHTLEVEN ou ZACH-TLEEVEN, (Par HERMAN) *Peintre hollandais.*

169 Différens Paysages , savoir : 1 large Rivière , avec
bateau. — 2 Paysan sur un âne. — 3 Bucheron. —
4 Vue de Ruines. — 5 Vieille Tour ronde. — 6 Pays
montueux : petites Pièces en larg. : aux 3.º, 5.º et 6.º,
1640 (n.ºs 12 à 17, pag. 318.)

Du Bucheron , 2 Epr. : en tout 7 Estampes.

170 L'entrée du Bois, 1644. — Campagne où un Vieillard,
appuyé sur un bâton, est près d'un paysan qui indique

le chemin à un voyageur, 1647 : P. en haut. (n.<sup>os</sup> 27 et 28, p. 321 ).

De l'Entrée du Bois, 2 Epr. : en tout 3 Estampes.

171 Pays couvert de bois, entre les arbres des chaumières et des granges à foin ; à droite, dans la marge, *faft Leven f.* — Habitations champêtres près d'un taillis. — Campagne où sur le devant, à droite, une femme parle à un villageois assis à terre, 1627. — La Moisson : 4 Estampes en larg. : les 2.ᵉ et 3.ᵉ très-petites, (n.<sup>os</sup> 34, 38, 41, 42, p. 323.)

L'Epr. du prem. Morceau est avant les mots *Huijch Allardt Exc.* ; les 2 Morceaux suivans font partie d'une Suite très-rare : la dernière Pièce est attribuée à Saft-Leven.

**SCHWEICKHARDT**, (Par H. W.) *Peintre allemand.*

172 *Eight Etchings of Animals....* Huit gravures d'Animaux à l'eau-forte : Suite publiée en 1788, savoir : Chevaux, Bœuf, Vache, Chèvre, et têtes de Bœuf et de Vache : Estampes en haut.

**SMEES**, (Par J.) *Dessinateur et Graveur.*

173 Différens Paysages, avec Ruines, Fabriques, Figures et Animaux, savoir: 1 Villageois et des Animaux passant un gué. — 2 Villageois près d'un paysan assis. — 3 Le Bûcheron et l'Ermite. — 4 Le Repos du Berger. — 5 Le Bouvier et le Bœuf dans l'eau : ces 5 Estampes en larg. (n.<sup>os</sup> 1 à 5, p. 341.)

**STELLA**, (Par Claudine Bouzonnet) *française.*

174 Moïse exposé sur le Nil, 1672. Tit. *Moyses infantulus..... exod. cap. 2.* — Le Frappement du rocher, 1687 ; d'apr. deux Tabl. de N. Poussin, du

Musée d'Anth.ᵞ Stella : gr. Estampes en larg.; la 1.ʳᵉ de 2 feuilles.

Anciennes Epreuves.

175 L'ordre de la Nature se renversant, et les morts sortant du tombeau au moment de la mort de Jésus-Christ; P. dite *le Grand Calvaire*, 1674. — Saint Pierre et Saint Jean guérissant le Boiteux à la porte du Temple, 1679. : d'apr. deux Tabl. de N. Poussin, du Musée d'Anth.ᵞ Stella : gr. Estampes en larg.

Anciennes Epreuves.

STELLA, (Par ANTOINETTE BOUZONNET) *française.*

176* Le berger Faustulus trouvant sur les bords du Tibre Remus et Romulus, qui sont allaités par une louve, d'apr. Jules-Romain : P. en larg., gravée à l'eau-forte, en 1676, sur le dessin de Jac. Stella, auquel on attribue aussi cette composition.

177 L'Entrée de l'Empereur Sigismond dans la ville de Mantoue, représentée dans une frise exécutée en stuc dans le palais du T, à Mantoue, par le Primatice, sur les dessins et sous la conduite de Jules-Romain : 25 Pl. à l'eau-forte (compris celle du frontispice, de l'invention de Jac. Stella) publ. en 1675, et déd. à Colbert de Seignelay: aux Pl. des n.ᵒˢ. — Treize Sujets de la Vie et de la Passion de Jésus-Christ : au bas, à gauche, à ces Morceaux, *Poussin in et pinx*: en tout 37 Estampes; celles de la seconde suite en haut.

*Nota.* Les Sujets de l'Histoire de J.-Ch., annoncés sous le nom du Poussin, sont d'après des Tableaux de Jac. Stella, Tableaux placés au rang des meilleurs ouvrages de ce Maître.

STOOP, (par Rodrigues, Dirik ou Théodoric)
*Peintre.*

178 Différens Sujets de Figures et de Chevaux, gravés en
1651. Suite de 12 Estampes en larg., avec des n.<sup>os</sup>
(n.<sup>os</sup> 1 à 12, pag. 343.)

SUANEUELT, SUANEVELT ou SWANE-
VELT, *surnommé* HERMAN D'ITALIE,
(Par Herman Van) *Peintre hollandais.*

179 Vues prises la plupart dans les campagnes de Rome;
Sujets dans des ovales : au 1.<sup>er</sup> Morceau, sur une
grande pierre, le Tit. *Variæ Campestru..... Cum
privileg. Regis* : 24 très-petites Estampes en larg.
(n.<sup>os</sup> 1 à 24, pag. 347.)

180 Paysages avec Animaux, savoir : 1 les Chameaux; —
2 les Bœufs; — 3 les Anes; — 4 les Béliers; — 5 les
Chèvres ; — 6 les Chèvres d'Angora; — 7 les Cochons; plus, Satyres devant un vase rempli de rai-
sins; — Saint Jean dans le Désert; — Jésus dans le
Désert : 10 P. en larg. (n.<sup>os</sup> 26 à 35, pag. 347.)

   Les Epr. de la Suite des Animaux sont sans lettres, la
   2.<sup>e</sup> s'y trouve double : en tout 11 Estampes.

181 Vues de Ruines et de divers Endroits de la ville et
des environs de Rome, savoir : — 1 Morceau qui
sert de titre sur un drap attaché à une grande arcade : *Illustrissimo viro Gedeoni Tallemant.....
Herman va Suanevelt;* et dans la marge *Diverses
veues defseignées..... privilege du Roy;* — 2 *Os-
teria;* — 3 le Colisée; — 4 Fabrique; — 5 autre
Fabrique antique; — 6 *Casa* de *Vignarola;* — 7 Fabrique sur la voie *Appia;* — 8 le Tibre; — 9 *Altra
casa* de *Vignarola;* — 10 Reste du Palais des Empereurs; — 11 *Casa Rustica;* — 12 Eglise des
Quatre-Saints couronnés; — 13 Ferme ou *vinea;*

plus, quatre Paysages où sont des Satyres, des Nymphes et des Driades ; savoir : 1 Satyres conduisant des Chèvres ; — 2 Satyre couché entre deux Dryades; — 3 Satyre grimpant à un arbre ;—4 Deux Satyres, deux Femmes et un Satyre enfant : en tout 17 Estampes en larg. (n.ᵒˢ 36 à 52, pag. 348.)

Les Estampes de ces deux Suites sans le nom de Bonnart, Edit.

182 *Dinerfes venës dedans et dehors de Rome, definée par Herman Van Swaneuelt. Dédiée aux Vertueux. Auec Priuil. du Roy.* 1653. Titre gravé à un piédestal qui est au 1.ᵉʳ Morceau ;— 2 *Vinia Manfrona* ; — 3 *Parte delle terme Antoniano ;* — 4 *Aqua affuttofa ;* — 5 *Sepultura ;* — 6 *Hofteria ;* 7 *Sᵗ Adriano ;*—8 *Casa Ruftico ;*—9 *Vinnia Papa Julio ;* — 10 *Veduta dal Zugro ;* — 11 *Altro Veduto dal Zugro ;* — 12 *Altro Vedutin dal Zugro;* — 13 *For dalla porta piea :* Estampes en larg. (n.ᵒˢ 53 à 65, pag. 355.)

Prem. et superbes Epr. avant l'adresse de H. Bonnart : elles proviennent du Cabinet de M. le C. R. ( Voir le n.ᵒ 763 de notre Catalogue.

183 Paysages ornés de Sujets tirés de l'Histoire Sainte ; savoir : 1 Abraham et les Anges; — 2 Agar et l'Ange ;—3 l'Ange et le jeune Tobie ;—4 Elie dans le Désert. — Deux autres Paysages : dans l'un, Pan et Syrinx ; dans l'autre, Salmacis et Hermaphrodite. — Vues : de l'île Louvier ; de la Maison de J. F. de Gondy; de Paris, et la Vue de la ville de Rome : ces 11 Estampes en larg. (nᵒˢ 69 à 76, moins le n.ᵒ 73 , *la Vue d'Orléans*, pag. 350.)

Aux quatre Vues l'Architecture et les Fabriques des fonds dessinées et gravées par *Isr. Silvestre.*

184 Paysages ornés de Figures et d'Animaux ; savoir :
1 les Pêcheurs ; — 2 la Fileuse ; — 3 les Cavaliers
et les Piétons ; — 4 le Dessinateur. — Deux autres
Paysages, le Soleil couchant, et la Rivière avec petit
Pont de bois : ces 6 Estampes en larg. (n.ᵒˢ 77 à 82,
pag. 352.)

> Prem. et superbes Epr. avec les mots *et ex.*

185 Différens Paysages avec Ruines, Fabriques et Figures ; savoir : 1 à 4, Vues du Palais des Césars. —
5 Malade sur une civière. — 6 Villageois et Villageoise sur leur bouriquet. — 7 Villageoise un panier
au bras, et Vieillard un paquet sur la tête. — 8 Les
Laveuses. — 9 Grotte d'Egérie. — 10 Joueurs de
boules. — 11. Chartreuse, dite de *Termini.* —
12 Chemin entre des rochers : Estampes en larg.
(n.ᵒˢ 83 à 94, pag. 353.)

> Prem. et superbes Epr. avec les mots *et excudit ;* la 10.ᵉ
> ( les Joueurs de boule ) est rognée tout près des travaux
> de la gravure : cet article provient du Cabinet de M. le
> C. R. ( Voir le n.ᵒ 766 de notre Catalogue )

186 Quatre Paysages, où le Sujet de la Fuite en Egypte
est différemment représenté ; savoir : 1 Saint Joseph
près de la Vierge, montée sur un âne. — 2 Saint
Joseph aidant la Vierge à descendre de dessus l'âne.
— 3 Repos de la Vierge ; elle est assise à la gauche.
— 4 La Vierge assise près d'un gros arbre, placé à
la droite de la composition : Estampes en larg.
( n.ᵒˢ 97 à 100, pag. 354.)

> Prem. Epr. : aux 3 prem. les mots *et excudit* ; à la 4.ᵉ : *et*
> *fecit excuditg.*

187 Six Paysages et Intérieurs de forêt, où sont repré-

sentés des Sujets tirés de l'histoire d'Adonis ; savoir :
1 Adonis mis au jour par Mirrha. — 2 Adonis enlevé à Diane par Vénus.— 3 Adonis, auquel Vénus
a fait naître des ailes, et l'Amour, présentés à
Diane. — 4 Adonis exercé à la chasse par Vénus.
— 5 Mort d'Adonis. —6 Vénus pleurant son cher
Adonis: Estampes en larg. (n.º 101 à 106, pag. 355.)

Prem. et superbes Epr. avec les mots *et excudit ;* elles proviennent du Cabinet de M. le C. R. ( Voir le n.º 768 de
notre Catalogue.)

188 Vues de lieux solitaires, où sont représentés des
Pénitens, savoir : 1 la Magdeleine ; — 2 Saint Antoine ; — 3 Saint Jérôme ; — 4 Saint Antoine et
Saint Paul Ermite.— Vasto Campagne, où Balaam
est arrêté par l'Ange. — Quatre Paysages avec Figures et Animaux, savoir : 1 Meûnier conduisant
des ânes ; — 2 Hommes dans un pays où coule une
rivière ; —3 Villageois un bâton à la main, et Villageoise un panier au bras ; — 4 Villageois buvant
dans son chapeau : en tout 9 Estampes en larg.
( n.ºs 107 à 115, pag. 355.)

Les 4 prem. et les 4 dern. de ces Sujets, prem. Epr.,
avec les mots *et excudit ;* celle du 5.ᵉ Sujet avant *K Audran*
*excudit :* ces Estampes proviennent du Cabinet de M. le
C. R. ( Voir le n.º 769 de notre Catalogue. )

TROOSTWYK, (Par W. J. VAN) *Peintre hol-*
*landais.*

189 Prairies où sont des animaux, 5 P. datées de 1810.
Deux Prairies où des bœufs pâturent ; à la seconde,
1810. — Quatre feuilles d'Etudes : Chiens et Têtes
de Vache, Béliers et Moutons : 12 Estampes ; les
4 dern. presque carrées. ( n.ºs 1 à 12, pag. 367.)

### UMBACH ou VMBACH, (Par Jonas) *Peintre allemand.*

190 Caïn tuant Abel, l'Arche de Noé, le Déluge, Pénitence de David, Elie dans le Désert, l'Ange gardien, l'Annonciation, la Visitation, le Bon Samaritain, la Flagellation, les Pélerins d'Emmaüs, le Bon Pasteur, l'Assomption de la Vierge, Martyre de Saint Etienne, Saint Etienne une palme à la main; Saint Laurent, Saint Sébastien, Saint Jérôme, Saint François, l'Enfant - Jésus dans ses bras; la Magdeleine, et autres Sujets : 78 moyennes et petites Estampes. 31 sont en haut.

191 Diane et Endymion, Apollon et Marsyas, Andromède, Alexandre et Diogène, la Charité romaine, Sacrifice au dieu Pan, Bacchanales, les Saisons, Dieux marins, Enfant sur les eaux; Scènes de basse-cour, etc. 38 moy. et petites Estampes; 4 sont en haut.

*Nota.* Plusieurs des Epr. des Estampes d'Umbach qui composent les 2 articles ci-dessus sont avant *C. P. S. C. M. Hæred. Ier. Wolffij ex. C. A. V.*

### UYTENBROUCK - VTENBROECK - WTENBROUCK ou WTENBRVCK, *surnommé* LE PETIT MOYSE, (Par Moyse Van) *Peintre allemand.*

192 Le Portrait d'Uytenbrouck, différens Sujets tirés du Vieux-Testament et de la Fable, des Scènes pastorales, des Paysages avec Animaux; des Vues de quelques endroits de Rome, etc. : 41 P. ( n.ᵒˢ 1, 6 à 8, 12, 14, 17, 19, 24 à 27, 29 à 31, 33 à 49, 53 à 60, pag. 382.)

*Nota.* Des Pièces n.ᵒˢ 45 et 46, de doubles Epreuves : en tout 43 Estampes.

**VANNI ou VANNIUS, ( Par Francesco)** *Peintre italien.*

193 L'Extase de Saint François ; à gauche un Ange, sur un nuage, joue du violon; à droite, dans la marge, *Fran° Van° Sen. fec.* Sujet en haut.

> Pièce rare : cette Epr. provient : 1.° du Cabinet de Saint-Yves ( voir le n.° 455 de notre Catalogue ) ; 2 ° du Cab. de M. le Comte Rigal ( voir le n.° 801 de notre Catal. ; plus, une Copie gravée au burin : la Composition y est tronquée, et la Pl. sans nom d'Auteur : en tout 2 Estampes.

**VELDE, ( Par Adrien Vande )** *Peintre hollandais.*

194 Différentes Prairies avec Figures et Animaux: au premier Morceau, un Vacher debout vu par le dos, sonne du cor, et de sa main droite tient la longe du licou d'un Taureau sur la croupe duquel il est appuyé : au ciel à gauche A. V. V. *f* 1659, le dernier chiffre à rebours. 10 Estampes en larg. ( n.° 1 à 10, pag. 398 ).

> Anciennes Epr. ; on n'y voit pas à la prem. les mots *Juft Danckers.*

195 Vache au pâturage dans un pré, où près d'un gros arbre sont deux Moutons couchés, 1670. — Bœuf pie : il broute l'herbe d'un pré ; à droite un Bélier et un Mouton couché, 1670. — Deux Vaches dans un pré, l'une debout, l'autre couchée : derrière elles un gros Arbre. — Brebis allaitant un Agnelet : elle est debout dans un pré ; plus loin à gauche un Agneau couché, 1670. — Bélier et Mouton couchés sur l'herbe , 1670. 5 Estampes en larg., les deux dernières beaucoup plus petites. (n.° 11 à 15 , pag. 399).

> Prem. Epreuves.

## VISSCHER *ou* DE VISSCHER, (Par JEAN)
*Graveur hollandais.*

196 La Couseuse, la Fileuse, le Repos, l'Aumone, la Bergère, le Pâtre, le Joueur de musette, AURORA, MERIDIES, VESPER, NOX. — DIVERSA ANIMALIA QUADRUPEDIA, d'apr. N. Berghen, n.ᵒˢ 60, 61, 63 à 67, 72 à 79 (*). En tout 15 Estampes en larg.

197 Halte près d'un Monument, prem. Morceau d'une suite de 6 p., n.º 80 à 85, ( secondes Epr. ). — Bergère passant la rivière, etc., n.º 100 à 103. — Berger près d'un pillier de pierre, etc., n.º 108 à 111, ( secondes Epr. ). — La Bergère à la fontaine, etc., n.º 112 à 115. — Vue du Rhin, etc., n.º 124 à 127, ( Epr. du Cabinet Bourduge : elles portent son chiffre ). — Bergère gardant des Animaux, etc., n.º 136 à 141. — Le Conducteur de Mulets, n.º 142 à 147. — Passage d'un Gué, n.º 79, d'apr. N. Berghem. 35 Estampes. Celles des 2.ᵉ, 3.ᵉ et 4.ᵉ suites en haut.

## VLIEGER, (Par SIMON *de*) *Peintre hollandais.*

198 Le *Transport des blés* : des Paysans emportent des gerbes, d'un village à un canot amarré au rivage de la mer. — L'*Auberge* pratiquée dans des monumens en ruines : à la gauche d'une campagne, à la porte de l'Auberge, des Hommes à table sous une treille. — Le *Bourg* : un Coche attelé de trois chevaux le traverse. — Pêcheurs et Marchands de poissons au bord de la mer. — Différens Animaux :

---

(*) Voir, pour ces n.ᵒˢ et ceux indiqués après les Pièces de l'article suivant, notre Catalogue de l'Œuvre de N. Berghem, p. 147 du Catalogue de feu de Silvestre.

*Suite des Morceaux par* VLIGER.

suite de 10 p.; Chevaux, Chiens, Bouc, Chèvres, Bélier, Moutons, Brebis, Pourceaux, Oie, Coq et Poule d'Inde. 14 Estampes en larg. ( n.ᵒˢ 5, et 8 à 20, pag. 418).

## VLIET , ( Par JEAN *ou* ISAAC-GEORGE VAN ) *Peintre hollandais.*

199 Six Sujets de la Passion: la Cène, Jésus arrêté au Jardin des Oliviers, Jésus présenté au peuple, le Crucifiement, le Christ porté au Tombeau, et la Résurrection. — Notre Seigneur et la Samaritaine. — Le Chanteur et sa Femme. — Le Lieu de débauche. Réjouissance de Villageois : n.ᵒˢ 5 à 11, et 15 et 17(*). 10 Estampes, les 7 premières en haut.

> *Nota.* Le Sujet de N.-S. et la Samaritaine est d'après J.-V. Schotten ; l'Epr. de la 9.ᵉ Pièce est sans les mots *Pey enaar exou.*

200 Vieille assise un grand livre sur ses genoux. — Homme à cheveux crépus, 1634. — Vieillard en turban avec aigrette. — Homme en hausse-col. — Vieillard les mains jointes, 1634. — Vieillard en bonnet, 1634. — Vieillard en bonnet et en pelisse, 1633 : d'apr. Rembrandt. 7 Estampes en haut., n.ᵒˢ 18 à 24.

> Cet article provient du Cabinet de M. le C. R. (Voir le n.ᵒ 849 de notre Catalogue. )

201 Buste d'Officier : d'apr. Rembrandt, 1631. — Les CINQ SENS, savoir : — Le GOUT : Paysans à table

---

(*) Voir, pour ces n.ᵒˢ et ceux placés à la suite des 3 articles qui suivent, le Catalogue de l'Œuvre de Vliet par *Ad. Bartsch.* Vienne , 1797, in-8ᵒ.

*Suite des Morceaux par* Vliet.

dans un cabaret. — L'Ouïe : trois Hommes qui font
de la musique. — L'Odorat : jeune Homme souf-
flant de la fumée de tabac au visage d'une femme.
— Le Toucher : Chirurgien pansant la jambe d'un
villageois.—Et la Vue : Vieillard des lunettes sur le
nez ; il lit dans un grand livre. — Plus, le Serrurier.
— Le Mathématicien. — Les Joueurs de cartes. —
L'Arracheur de dents. — Les Joueurs de trictract.
— Le Vendeur de mort-aux-rats. — Et la Famille.
13 Estampes en haut. de proportions différentes :
n.º¹ 26 à 31, 34, 50, 51 , 53 à 56.

L'Epr. de la prem. Estampe est avant l'inscription : *Geor-
gius Ragoçy,.... in de Werelt Kaert.*

202 Homme vu par le dos , Paysan portant un pannier,
Femme portant un seau , Homme en manteau
( ces Morceaux font partie d'une suite de 14 pièces ).
— Différens Mendians , 10 p. : à la première deux
Pauvres estropiés assis près d'une toile au-dessus
de laquelle un Homme avance le bras droit pour
leur faire la charité : sur la toile en quatre lignes :
by. t, geeue bestaet ons leeue : et au bas *J. G.
van vliet fec.* 1632. Différentes Figures, 10 p. :
à la prem. , un Homme et une Femme debout soutiennent un Cartouche où est écrit en trois lignes :
*J. G. van vliet fecit* 1632. N.ºⁱ 61, 65, 66, 70, 73 à
92. Plus, Vieille vue à mi-corps : un mouchoir rayé
entoure sa chevelure. Cette dernière pièce, sans nom
d'Auteur, est attribuée à Vliet. En tout 25 Estampes
en haut.

Cet article provient du Cabinet de M. le C. R. ( Voir
le n.º 848 de notre Catalogue.)

## VOLPATO, (Par Giovanni) *Graveur italien.*

203 Christ porté au Tombeau, Tit. DEPONENTES EUM...
*Mansuetudo* , *Justicia* : d'apr. Raphaël. — La
Sainte-Vierge, l'Enfant-Jésus sur ses genoux : elle
tient à sa main gauche un livre ouvert : d'apr. Fra.
Bartholomeo. 4 Estampes en haut.

Aux Epr. des Sujets représentant la Douceur et la Justice, la lettre n'est indiquée qu'à la pointe.

204 Le Martyre de Saint André; l'Amour, Tit. SILEN-
TIVM ET TENEBRAS......, d'après Le Guide. — Et
deux Paysages ornés d'épisodes d'Apollon et de
Mercure, et de Céphale et Procris, d'après des Tableaux de Claude Gelée dit le Lorrain, au palais Do-
ria. 4 Estampes, les 3 dernières en haut.

A l'Épr. du prem. Sujet, le Titre et la Dédicace ne sont
indiqués qu'à la pointe.

## WATERLO ou WATERLOO, (Par Antoine) *Peintre hollandais.*

205 Vue d'un bois; Vestiges de Monumens : à ces
P. les n.ᵒˢ 8 et 7. — *Différens Paysages*, 3 à 6,
quatre P. — 1 Rocher percé. — 2 Ermitage. — 3 Petite Cascade. — 4 Petit Pont de bois. — *Différens
Paysages*, 7 à 18, douze P. — 1 Retour du Pêcheur.
— 2 L'Auberge. — 3 Le grand Lévier. — 4 Moulin
à eau. — 5 Eglise de village. — 6 Tour crénelée. —
7 Pêcheurs à la ligne. — 8 Paysans sur la colline. —
9 Le Chariot. — 10 Tour hexagone. — 11 Bélier, Bouc
et Brebis. — 12 Petit Fort. — *Deux Paysages*, 19 L'Entrée du Bois. — 20 L'Écluse. — *Différens Paysages*,
21 à 32, 12 P. — *a* La Haye. — *b* Le Cimetière. —
*c* Chaumière. — *d* Village. — *e* Les deux Pêcheurs.

5 *

*Suite des Morceaux par* WATERLO.

—*f* Les deux Vaches. —*g* Paysan sur la colline.
— *h* Pâtre à cheval. — *i* Paysan se reposant. — *k*
Trois Paysans sur une butte. — *l* Hameau près du
canal. — *m* Quatre hommes près d'un pont. —*Dif-*
*férens Paysages*, 33 à 38, six pièces. — 1 La Forêt
— 2 Femme près de sa chaumière. — 3 Pâtre et des
Animaux passant la rivière. — 4 Intérieur d'un bois.
— 5 Les deux Pâtres. — 6 Homme et Femme dans
un bois. — *Deux Paysages.* 39 Pays vu au clair de
la lune. 40 Le Crépuscule : en tout 40 Estampes en
larg. ( n.° 1 à 40, pag. 428).

    Aux 3 Suites des n°°. Plusieurs Épr. des Estampes de cet
article et des 3 suivans sont avant le nom d'OTTENS, Édit.

206 *Différens Paysages*, 41 à 46, six P. — 1 Entrée
d'un bois. — 2 Intérieur d'un bois. — 3 L'Homme
en manteau. — 4 La Maison entourée d'arbres.—
5 Petit Pont de bois. — 6 les deux Voyageurs. —
*Différens Paysages*, 47 à 52, six Pièces.— 1 Ermitage.— 2 L'Anier.— 3 Le Chemin.— 4 La Rivière
entre des rochers. — 5 La Chapelle.— 6 Le Pont de
planche. — *Vue de bois*, 53 à 58, six Pièces. — 1
Entrée du bois. — 2 Chaumière près du bois.— 3
Mare dans un bois.— 4 Barrière à l'entrée du bois.
— 5 Rivière dans des bois. — 6 Bois où est une mare
et à la gauche un gros arbre incliné. — *Différens*
*Paysages*, 59 à 64, six Pièces.— *a* Le Pont de bois.
— *b* Le Voyageur. — *c* Les trois petits Garçons.—
*d* Allée d'arbres— *e* Les deux Cavaliers. —*f* l'Intérieur d'un bois. — *Vues de sites en partie couverts*
*de bois*, 65 à 70, six Pièces. — 1 Le Porte-balle.
— 2 Le grand Chêne. — 3 Les deux Allées.— 4 Vil-

*Suite des Morceaux par* WATERLO.

lageois et Villageoise assis. — 5 Paysan au haut du chemin. — 6 La Laitière. — *Différens Paysages*, 71 à 76, six Pièces. — 1 La double Cascade. — 2 La triple Cascade. — 3 Le Rocher stérile. — 4 La Mare au bas des rochers.—5 La Chûte d'Eau.—6 La Chapelle et la Chaumière près des montagnes. — *Différens Paysages*, 77 à 82, six Pièces — *A* Les Rochers. — *B* Le Pont de bois. — *C* La Femme en marche (*manque*). — *D* Vue d'un Bois, sujet dit *Les Troqueurs*. — *E* Le Pont de pierre. — *F* Le Moulin à eau (*manque*): en tout 40 Estampes en larg. (n.⁰ˢ 41 à 82, moins les n.⁰ˢ 79 et 82, pag. 431).

A la cinquième Suite des n⁰ˢ.

207 *Différens Paysages*, 83 à 88, six Pièces. — 1 Quatre Arbres au bord d'un chemin. — 2 Le Chasseur prêt à tirer.—3 Chasseur portant un lièvre.—4 Vue d'un bois. — 5 Les Baigneurs. — 6 La Famille villageoise. — *Différens Paysages et Vues*, 89 à 94, six Pièces. — 1 Les deux Chemins. — 2 Ville hollandaise. — 3 Village près d'un canal. — 4 Villageois en marche. — 5 Village entre des montagnes. —6 Moulin à eau. — *Différentes Vues et Paysages*, n.⁰ˢ 95 à 106, douze Pièces. — 1 L'Auberge. — 2 le Temple. — 3 Village au bord de la rivière. — 4 Villageois et Villageoise au bord d'une route. — 5 Les deux Hommes en marche.—6 Le vieux Mur percé d'une grande porte. — 7 Les deux Ponts en pierre. — 8 Le Pâtre. — 9 Le Moulin à eau dans un bois. — 10 Le Chasseur. — 11 Les deux Chasseurs assis. — 12 Le Chemin. — *Différens Paysages*, 107 à 112, six Pièces. — 1 Le Ruisseau et le petit

Pont de bois. — 2 Vue d'un bois. — 3 Homme et
Femme passant à gué une rivière dans un bois. —
4 Paysan une pelle à la main. — 5 Étang dans un
bois. — 6 Chemin formé de collines et bordé de
bois. — *Différens Paysages*, 113 à 118, six Pièces.
— 1 Les deux Porte-balles. — 2 Femme et Enfant
passant un pont de bois. — 3 Chemin dans une forêt. — 4 Chaumière dite *la Ferme*. — 5 La Haie
près d'un bois. — 6 Le Berger et le Troupeau sur la
pelouse près d'un bois : en tout 36 Estampes en
larg., les 12 dernières de grande proportion (n.ᵒˢ 83
à 118, pag. 436).

Aux deux dernières Suites des nᵒˢ.

208 *Différentes Vues de bois*, 119 à 124, six Pièces.
— 1 Le Moulin à eau. — 2 Les deux Hommes au
bord du ruisseau. — 3 Le Bossu. — 4 La Femme et
les trois Enfans sur la pelouse. — 5 Repos des deux
Villageois. — 6 Le Pont de bois sur le ruisseau. —
*Différens Paysages ornés d'Épisodes tirés de la
Fable*, n.ᵒˢ 125 à 130, six Pièces. — 1 Alphée et
Aréthuse. — 2 Apollon et Daphné. — 3 Mercure
et Argus. — 4 Pan et Syrinx. — 5 Vénus et Adonis.
— 6 Adonis mort. — *Différens Paysages ornés
d'Épisodes tirés de l'Ancien Testament*, 131 à
136, six Pièces. — 1 Agar renvoyée. — 2 Agar et
l'Ange. — 3 Le prophète Juda tué par un lion. —
4 Tobie et l'Ange. — 5 L'Ange ordonnant à Moïse
de circoncire son fils. — 6 Elie dans le désert : en
tout 18 grandes Estampes, en haut. (n.ᵒˢ 119 à 136,
pag. 441).

A la seconde Suite des nᵒˢ.

## WEIROTTER, (Par François Edmond) *Peintre et Graveur allemand.*

209 Différentes Suites de Vues de Ruines et divers lieux
d'Italie, d'Allemagne et de France; autres de Paysages, la plupart de sites pittoresques, dessinés et gravés par *Weirottér;* les Saisons, d'après J. Van
Goyen; les Mois de l'année, d'après P. Molyn;
Chûte d'eau et Pont rustique, d'après Ch. W. Er.
Dietricy; Ruine de l'abbaye de Saint-Maur et Fontaine près de Meulan, d'après J. Geor. Wille; la
Tempête et le Calme, d'après Jos. Vernet : ces différens Sujets pareillement gravés par *Weirotter* :
en tout 218 Estampes, gr., moy. et très-pet. : dans ce
nombre quelques Pièces doubles : les unes avec des
différences; les autres Epr. seulement à l'eau-forte,
en tête de cette suite le portrait de Franz edmvnd
weirotter; buste dans un ovale entouré de masse
de paysages, gravé par *J. Schmuzer.*

## WYCK ou WYK, (Par Thomas) *Peintre hol-landais.*

210 La Fileuse, les Joueurs de cartes, la Couseuse, les
Joueurs, le Maréchal, Port de mer, Temple de la
Concorde, Atelier du forgeron, Cour d'hôtellerie,
les deux Scènes de Lazarille, la Cour d'auberge,
Retour du marché, M.ᵈ faisant ranger des ballots,
le Rivage, la Fileuse et le Pêcheur, Homme donnant des ordres à des matelots, et la Madonne. 18
Morceaux ( n.ᵒˢ 1 à 4, 6 à 15, 17, 18, 20 et 21,
pag. 454 ).

Anciennes Épr.; de la Cour d'Auberge une double Épr. :
en tout 19 Estampes.

# ESTAMPES

*Gravées à l'eau--forte par différens Maîtres.*

### ÉCOLE D'ITALIE.

211 Vues et Paysages par *Paolo Anesi*, 11 P. — Sujets de l'Histoire sacrée, de l'Histoire profane et Allégories, par *Gio. Ben. Castiglione*, 10 P. — Repos de la Sainte Famille, par *Procaccini.* — L'Education d'Achille, par *Pet. Testa ;* en tout, 23 Est.

212 Différentes compositions du Sujet de la Fuite en Egypte, etc., par *Gio. Dom. Tiepolo*, 25 P. —La reine de Saba, par *Gio. Batt. Tiepolo.* —Deux Scènes de Centaures, par *Ant. M. Zanetti,* — Paysages avec Figures et Animaux, par *Zilotti ;* 4 P. : en tout 32 Estampes.

### ÉCOLES D'ALLEMAGNE ET DES PAYS-BAS.

213 Animaux, par *Ad. Bartsch*, d'apr. des Morceaux rares de différens maîtres, 9 P. — Différens Paysages, avec Figures et Animaux, par *El. Bæck*, 6 P. — Prairies où sont des Animaux, Quatre Sujets, par *C. Bisschop*, Epr. d'eau-forte et de finis, 8 P. — Actions militaires, Vues et Paysages, par *Ant. Franc. Bauduins :* plusieurs sont d'apr. Vander Meulen, 23 P. : en tout 46 Estampes.

214 Le Hameau, la Pièce d'eau, par *A. H. V. Boom*, 2 P. rares.—Vues de Ruines et de l'ancienne Rome, (n.** 1 à 4, et 6 et 7 des 8 Morceaux de cette Suite), par *Jean G. Bronchorts*, d'apr. Poelenburch, 6 P. : en tout 8 Estampes.

215 Quatre Chasses : Lions, Tigres, Loups, Porcs,
Vaches, Moutons, Chèvres, Ours, par *Marc de Bye:*
92 P. 76 d'apr. Potter, et 16 ( les Ours ) d'apr.
Marc Gerard : le tout divisé en 10 Suites.

216 Bœufs et Vaches dans des prairies, par *Alb. Cuyp*,
6 P. — Sujets d'Agar, et la Magdeleine, par *L. de
Deyster*, 3 P. — Paysages avec Figures et Animaux,
par *J. Christ. Dietzsch*, 6 P. — Sujets et Paysages,
12 P. : en tout 27 Estampes.

217 Paysages par *Jac. phil. Hackert*, 4 P. — Vues et
Paysages ; à plusieurs des Figures et des Animaux,
par *Chris. L. Hagedorn*, 18 P. — Paysages par
*J. Heideloff*, 6 P. : à 2, 1792, 1793. — Suite de Paysages, par *J. Dan. Heimlich*, 1774 ; 7 P. : en tout
35 Estampes.

218 Paysages avec Figures et Animaux, par *Fréd. Chret.
Klass*, 1775, 5 P. — Deux Vues de lieux solitaires :
dans l'un Agar ; dans l'autre un Ermite, par *Franz.
Kobell*, 1775. — Animaux buvant à une auge, d'apr.
*Ferd. Kobell*, par *Ph. Calmé*. — Paysages : on lit
à l'un d'eux *A. Koelbl :* 8 P. — Paysages avec Fa-
briques, par *Is. Moucheron*, d'apr. G. Poussin,
4 P. — Sujets du Vieux-Testament, et Prairies avec
Animaux, par *Nic. Moyaert,* 12 P. : en tout 32
Estampes.

219 Le Repos, les Porcs et les Chèvres, 1768, par
*Fred. Muller :* 7 P. — La Laitière et les Animaux,
1644. — Pays où sont des rochers surmontés d'un
Temple en ruine, 1645, par *J. Van Noordt*,
d'apr. Van Laar et P. Lastman. — Vues de Campagnes et de Villages, 1785. — Suite de Paysages,
1765, et le Pont de pierre, par *Fréd. Reclam ;* le

dernier Morceau d'après Moucheron, 12 P. — L'Ange quittant la famille de Tobie, la Fuite en Egypte, les Vendeurs chassés du Temple, Notre-Seigneur et la Samaritaine, par *Rembrandt*, 4. P. Vues et Paysages, par *Luc Van Vden*, 6 P. ( n.ᵒˢ 21, 23, 25, 28 et 32, pag. 370): en tout 31 Estampes.

220 Paysages et Intérieurs de bois; à un de ces Sujets, *H. VB.* 20.—Différentes Vues intérieures de la ville d'Amsterdam, 8 P. avec des n.ᵒˢ : Vues de Paris et de ses environs : 8 P. avec des n.ᵒˢ : ces 16 Morceaux par *Rein. Nooms*, dit *Zeeman* ( n.ᵒˢ 47 à 62, pag. 461) en tout 34 Estampes.

## ÉCOLE DE FRANCE.

221 Paysages par *Germ. Audran*, d'apr. Gaspre Poussin: 6 P. avec des n.ᵒˢ — Saint George qui combat le Dragon, et Vues de Ports de mer ornés d'architecture, 1660 à 1668, par *Dom. Barriere*, d'apr. Claudio Gillée : 5 P. — Pâtre gardant trois vaches, par *M.ʳ Gasp de Bizemont*, d'apr. Palmerius. — Les Sept-Œuvres de Miséricorde, et douze Paysages avec épisodes tirés de l'Histoire Sainte, par *Séb. Bourdon*, 19 P. — Combat de cavalerie près d'un fort, par *I. C. (Jac. Courtois)*. — Le Christ mort, par *M.ʳ D. V. Denon*, d'apr. Ann. Carrache: en tout 33 Estampes.

222 Le Naufrage, différentes Scènes villageoises, la Bergerie, des Vues de prairies et de lieux champêtres, et des Paysages avec Figures et Animaux, par *M.ʳ J. L. Demarne* : 31 Estampes.

223 Vues d'Italie et autres, et Paysages la plupart avec Figures : dans ce nombre une Suite de 16 Morceaux:

au premier, à une Fontaine, *A. DUNOUY FECIT :* en tout 24 Estampes, compris 2 Epr. (les 4.ᵉ et 6.ᵉ P. de la Suite des 16 ) doubles avant la lettre et avant le n.ᵉ

224 Vues de Sites d'Italie : à la 1.ʳᵉ, sur un petit Monument, l'inscript. *Strada daqua Chtusa :* ces Morceaux, dans le goût du Gaspre, par *Geor. Focus*, 6 P. : Suite déd. à C. Le Brun.—Ruines et Paysages et Feuilles d'Etudes d'Animaux, par *A. C. Echard;* les Animaux, d'apr. H. Roos, 11 P. — Paysages avec ruines et masures, par *L. M. (Louis Moreau)* : 7 P. — Animaux et Chasses, par *J. B. Oudry*, 4 P. : en tout 28 Est.

225 Différentes Suites de Vues et de Paysages, par les *Perelle* : 82 Estampes.

226 Six Cahiers de Paysages, dessinés d'apr. nature et gravés par *Nic. Perignon*, 36 P.—Le Repas du Pharisien, par P. Subleyras. — Etude pour le Sujet de la Piscine, et Tête de Vieillard à barbe, par *Fr. And. Vincent*, 2 P.—Vues de Jardins, dessinées et gravés par *Vivier*, 11 P. : en tout 50 Estampes.

   *Nota.* Les Epr. des Pièces de N. Perignon sont avant les nᵒˢ.

227 Eaux-fortes de Sujets, de Vues et de Paysages, par *J. Brown, R. L. B. Chancourtois, M.ʳ A. G. P. de Bizemont, J. Duplessi-Bertaux, Ph. Hackert, A. Laurent, V. Pillement, C. Weisbrod,* etc. : 30 Estampes.

# ESTAMPES

*Gravées à l'Eau-forte et au Burin.*

### DIFFÉRENTES ÉCOLES.

228 Le Christ aux Limbes, par *Alb. Glockenton.* —
Lueur et Obscurité, par *Mart. Zink.* — Sujet par
*L. Krug*, 1614. — Autre attribué à *Mair :* une
copie d'apr. Schoen, etc. 6 Estampes.

229 Saint François, d'apr. Ann. Carrache ; David, Sa-
lomon et Bethsabée, Judith, Esther, Sainte Agnès,
Enée et Anchise, d'apr. Le Dominiquain, et le
Martyre de Saint André, d'apr. le Guide, par *Gir.
Audran :* 8 Estampes.

230 La Tempête, par *J. Jos. Balechou*, d'apr. J. Ver-
net. — Astianax découvert, par *S. Bernard*, d'apr.
Le Bourdon.—L'Adoration des Bergers, par *Corn.
Bloemaert*, d'apr. Raphaël. — Elévation en Croix,
Tit. *ET POSQVAM VENERVNT....* —Sainte adorant
l'Enfant-Jésus, couché sur la Vierge, d'apr. Van
Dyck ; et Mercure et Argus, d'apr. Jordaens, par
*S. à Bolswert*, 3 P. —Le Christ mort, par *J. Boul-
langer*, P. gravée en partie au pointillé, d'apr. Le
Bourdon : en tout 7 Est., la 4.ᵉ sur papier de soie.

231 La Transfiguration, par *Jac. Chereau*, d'apr. Raphaël. — Vénus et l'Amour, par *Corn. Van Dalen*,
d'apr. Flinck. —Moïse changeant sa verge en serpent, en présence de Pharaon, *Gantrel ex* ; Moïse
sauvé des eaux, par *J. Mariette ;* La Sainte-Famille, Sainte Anne et Saint Jean, Tit. *Hascitur ex
fterili,.....* Le Ravissement de Saint Paul, par
*Mich. Natalis*, 2 P. ; La Sainte-Famille, le petit

Saint Jean, Sainte Anne, Sainte Elisabeth et quatre
Anges, par *Cl. Stella*, 1668, Tit. *Ego Mater*.....
en tout 6 Estampes, les 5 dernières d'apr. N. Poussin.

L'Épr. du Sujet de Moïse sauvé des eaux est avant le
Tit. *MOYSEN E NILO*... *Joannes Mariette*; celle du Sujet
de Saint Paul est avant le Tit. *ET SCIO HUIUSMODI*...
2 *Ad Corinth c.* 12, et avant les armes.

232 L'Adoration des Bergers, d'apr. le Tabl. du Corrège
dit *la Notte d'Ant. Allegri*, par *P. L. Surugue.* —
La Nourrice, dite *la Bohémienne*, et le Chat, par
*Corn. de Visscher*, 2 P. — Scènes de Fumeur et de
Buveur, d'apr. A. Van Ostade. — Vue de Camp,
Halte de Cavaliers, etc., d'apr. Ph. Wouwermans,
par *J. de Visscher*, 6 P. : en tout 9 Estampes.

233 Camille et les Gaulois, par *Fr. Bartolozzi*, d'apr.
S. Ricci. — Jupiter et Junon, Amours d'Hercule,
d'apr. Ann. Carracci. — Les Joueurs, d'apr. Cara-
vaggio. — L'Amour et le Portrait de Béatrice, d'apr.
Le Guide, par *Petr. Bettelini*, 5 P. — Sybille del-
phique, par *Jac. Bossi*, d'apr. Giorgione. —Songe
de Poliphile, par *J. Bouilliard*, d'apr. Le Sueur. —
La Peste, par *I. B. Buratto*, d'apr. Ant. Balestra.
— Le Portement de Croix, d'apr. Aurel-Milanus :
P. en 3 feuilles : en tout 10 Estampes.

234 La Sainte-Famille et Saint Jean, par *Ant. Capellan*,
d'apr. Bartholomeus. — Sybille tiburtine, par *Hier.
Carattoni*, d'apr. Conca. — Nymphe au bain, par
*Aug. Campanella*, d'apr. Raph. Sanctius. —Vierge
et Enfant-Jésus, d'apr. Corrégio; Sybilles amalthée, hélespontique et lybienne, d'apr. Guercino;
le Déluge, d'apr. Le Poussin, par *Dom Cunego*,
5 P. — Sybille persique, d'apr. Guercino; Judith,
d'apr. Guido; la Musique, d'apr. Romanelli, par

*Petr. Fontana*, 3 P. — Sybille de Cumes, d'apr. Zampieri, par *Gio. Folo* : en tout 12 Estampes.

235 Vénus sur son char, par *Piet. Ghigi*, d'apr. Raphaël. — Bataille de Tullus-Hostilius contre les Veïens et les Fidénates, par *J. Bapt. Gigala*, d'apr. Cesari d'Arpino. — Noce Aldobrandine, par *A. Mochetti*. — Sainte Cécile, par *G. Morghen*, d'apr. Reni. — Sommeil de Jésus, par *Ant. Pazzi*, d'apr. Van Dyck. — Saint-Michel, par *Jos. Perini*, d apr. Reni. — Sybille, par *Joan. Petrini*, d'apr. Guercino. — La Fortune, par *Pievillano*, d'apr. Reni. — *Madona della Sedia*, par *J. G. Raber*, d'apr. Raphaël. — Martyre de Saint Pierre, par *Cam. Tinti*, d'apr. Reni. — Sainte Vierge, par *G. Vitali*, 1782, d'apr. Reni, etc. 16 Estampes, la seconde très-grande.

236 Paysages d'apr. deux Tabl. de Gaspar Poussin ; des Cab. Walker et Wooton : deux Scènes de *The rural conversation*, d'apr. F. Ferg, par *Franc. Vivarès*, 4. P. — Jacob et Laban sur le devant d'une campagne où est un grand pont, par *W. Woollett*, d'apr. Claude Le Lorrain ; en tout, 5 Estampes, la dernière très-grande.

L'Épr. de l'Estampe de Woollett a été tirée sur la Pl. non terminée.

237 Portraits de De Cotte, par *P. Drevet*, d'apr. Rigaud. — Isr. Silvestre, par *G. Edelinck*, d'après Le Brun. — Trois Portraits de N. Poussin ; un par *L. Ferdinand*, d'ap. *V. E.* ; et deux, par *J. Pesne*, d'apr. les Tabl. peints par Le Poussin, en 1649 et 1650. Jules Romain, par M.ʳ *J. L. Potrelle*, d'apr. le tableau de ce peintre. — P. Mignard, par *Geor. Fréd. Schmidt de Berlin*, d'apr. Rigaud — Claude

Bazin, par P. *Van Schuppen*, d'apr. C. le Febure.
— P. Mignard, par *C. Vermeulen*, 1690, d'apr. le
Tabl. de ce Maître, etc.; en tout 12 Estampes.

# ESTAMPES

## *D'après des Maîtres de différentes Ecoles.*

238 Sujets de l'histoire sainte et de l'histoire profane,
d'ap. Raphaël, Jules Romain, Le Primatice, etc.;
le plus grand nombre par d'anciens Graveurs;
43 Estampes.

239 Trente-cinq Estampes, d'apr. Ann. Carrache, l'Albane, Le Guerchin, Le Dominiquain et autres.

240 Quarante Paysages, la plupart d'apr. le Titien.

241 Vingt-sept Sujets et Paysages, d'apr. Rubens, Van-
Dyck et Segers, par des Graveurs flamands.

242 Sujets, Paysages et Etudes d'Animaux, par et d'apr.
des Maîtres flamands et hollandais; 65 Estampes.

243 Sujets tirés de l'ancien et du nouveau testament,
d'après le Poussin : autres, d'apr. le Vouet, Stella,
Le Sueur et Le Brun; 65 Estampes, 2 Lots.

244 Vues d'Italie et Etudes d'Arbres litographiés, par
M.r *Bourgeois*; 17 Estampes.

# ESTAMPES DOUBLES.

## *Morceaux à l'Eau-forte.*

245 Halte de Voyageurs, et Vues du Rhin, par *Aken*.
— Vues du Tyrol, par *Beich*. — Vaches en re

pos ; Joueur de Flûte, et autres Sujets, par *Berghem*. — Paysages, par *Both*, 4 P. — Ruines, par
*Breenberg*, n.°ˢ 7 et 13 à 15 de la suite des Vues ;
en tout, 26 Estampes.

246 Sujets, Paysages et Animaux, par *Barrière, Bega,
Bye*, etc. ; 62 Estampes.

247 Sujets, Vues, Paysages et Etudes, par *Cabel,
Danckerts*, M.ʳ *Dunouy, Dietricy, du Jardin*,
et autres ; 91 Estampes.

248 Cinquante - huit Sujets, Vues et Paysages, par
*Francisque, Gaspre, Genoels, Leone, Neue,
Ostade*, etc.

249 Animaux et Paysages, par *Laer, Reclam,
Reinhart* et *H. Roos* ; 36 Estampes.

250 Suites de Paysages et Etudes d'Animaux, par
*Suaneuelt* ; 64 Estampes.

251 Paysages, par *Waterlo*, et Sujets, par *Th. Wyck* ;
50 Estampes.

*Morceaux à l'Eau-forte et au Burin.*

252 Huit Sujets, par *G. Audran, I. Baron, Del
Po, Mariette, Natalis, Pesne* et *Stella*.

---

# ESTAMPES EN VOLUMES.

253 *Sacræ Historiæ acta a Raphaele Vrbin.*...........
Sujets de l'Histoire Sacrée, d'après les Peintures de
Raphaël d'Urbin au Vatican, par *Nic. Chaperon*,
in-fol., cart. Epreuves avant l'adresse de Mariette.

254 Sujets de l'Histoire Sacrée, d'après les Peintures de

Raphaël d'Urbin, au Vatican, par *N. Chaperon*, in-fol. rel. 54 Pl. compris 2 de tit.

255 Peintures de Raphaël au Vatican, gravées par *Cunego* et autres, sous le tit. de PICTVRAE PERISTYLI VATICANI.... POSTERITATI TESTETVR. Tit. en 18 lignes, entouré d'une bordure où sont représentés des Sujets et des Monumens. Au haut, le Portrait du Pape Pie VI. 1 vol. in-fol. cart. 53 Pl. La dernière très-grande.

256 Les principales Actions de la vie de Léon X, sous le tit. de *Leonis X admirandæ uirtutis imagines...* 15 P. — Sujets de la Bible, Suite déd. à Nic. Simonellio. — Divers Sujets dans le goût des Peintures et des Bas-reliefs antiques, Suite déd. au prince Camille, 43 P. avec des n.°ˢ. Toutes ces Estampes d'après Raphaël, par *P. S. Bartoli.* 1 vol. in-fol. obl. rel.

257 Les Voûtes, les Arabesques et les Stucs du Vatican, la Vue perspective, le Développement général et les Portes de cette galerie, gravés en 43 Pl., par *J. Volpato* et *J. Ottaviani*, sous le titre de *Loggie di Rafaele nel Vaticano*, 3 porte-feuilles très-grand format.

258 Les célèbres Tapisseries de Raphaël d'Vrbin, connues sous le nom d'*Arazzy*, qui sont au Vatican. Rome, 1780, in-fol. obl. cart. 21 Pl. (titre compris) par *Louis Sommerau*, peintre.

259 *La Favola Di Psiche....* La Fable de Psyché, d'après les Dessins de Raphaël d'Urbin. Rome, 1774, petit in-fol. obl. cart.; Pl. au nombre de 32.

260 Etudes de Figures, tirées des Voûtes de la Chapelle Sixte au Vatican, sous le titre de *Michael Angeles*

*Bonarotes Pinxit Adam Sculptor Mantvanvs incidit.* 1 vol. in-4. rel. 74 Pl., compris le titre et le portrait du peintre.

261 *Picturæ Dom Zampierii...* Peintures de Dom Zampierri à *Grotta Ferrata.* Rome, 1762, 28 Pl. par *Bartolozzi* et autres. — *Varie Pitture....* Diverses Peintures à fresque, des principaux maîtres vénitiens. Venise, 1760, 24 Pl. Ces 2 vol. in-fol. cart.

262 *Schola italica picturæ....* Ecole italienne de peinture, ou Choix de quelques Tableaux de grands maîtres d'Italie, gravés par les soins de Gav. Hamilton, par *Cunego* et autres. Rome, 1773, grand in-fol. cart. 40 Pl.

263 L'Œuvre de K. Du Jardin, en 52 P. compris le Joueur de flûte, par *N. Berghem.* Sujet qui forme ici la 51.ᵐᵉ pièce de la Suite : on lit à la première de ces Estampes, seulement : *K. DV JARDIN fe et Excud* 1652. *A. D.* Cet Œuvre contenu dans 1 vol. in-fol. cart.

264 Recueil de Sujets et de Paysages, gravés à l'eauforte de 1771 à 1778, par *C. Weisbrod*, d'après des Tableaux et des Dessins de maîtres célèbres des Ecoles de Flandre, de Hollande, etc.; 1 vol. grand in-fol. mar. rouge.

265 *A Collection of Landscapes....* Collection de Paysages d'apr. des Tabl. originaux de Claude le Lorrain et de Gaspar-Poussin. Londres, Boydell 1801, in-fol. obl. cart : Pl. au nombre de 50, 11 d'après le Lorrain, et 39 d'après le Gaspre; par *Browne*, 3; *Canot*, 3; *Chatelain*, 10; *Granville*, 2; *Major*, 2; *Mason*, 10; *Newton*, 1; *Vivarès*, 12; *Wood*, 7.

266 Les sept Œuvres de Miséricorde, Sujets composés
et gravés par *S. Bourdon ;* Suite précédée d'une dédicace à Colbert de Seignelay, par Le Bourdon ; 1
vol. in-fol. rel. Premières Epreuves avec l'adresse du
faubourg Saint-Antoine.

267 Les Peintures de Ch. Le Brun et d'Eust. Le Sueur,
qui sont dans l'hôtel du Châtelet, ci-devant la maison
son du Président Lambert, dessinées par *Ber. Pi-*
*cart*, et gravées tant par lui que par d'autres graveurs. Paris, Duchange, 1740, in-fol. rel., pl. au
nombre de 39 ; 14 représentent l'Apothéose d'Hercule, peinte par Le Brun, dans le plafond de la
galerie ; 21 les sujets peints par Le Sueur, dans les
cabinets dits de l'Amour et des Muses, et à l'entrée de l'escalier ; 3, des tit. ; et une, la déd. au marquis du Châtelet.

268 Recueil de 283 Estampes, gravées à l'eau-forte par
les plus habiles Peintres du temps, d'après les des-
sins des grands maîtres, que possédait autrefois
M.ʳ Jabach, et qui depuis ont passé au cabinet du roi.
Paris, 1754, in-fol. obl. rel. ( les pl. par *Corneille,*
*Massé, Pesne* et *Rousseau.* )

269 *Raccolta di alcuni disegni del Barbieri da*
*cento* ...... Recueil de quelques dessins de Barbieri de Cento, surnommé le Guerchin, etc.; in-
fol. 28 pl. sur 24 feuilles, par *Bartolozzi* et autres ;
*plus,* Dessins de Paysages de Gio. Franc. Barbieri,
gravés par *Matthiolus*, 15 pièces, titre compris.

270 *Principj del disegno* ..... Principes de dessin,
d'après les meilleures Statues antiques. Rome, 1786,
in-fol. cart., 36 pl., par *Gio. Volpato* et *Raff.*
*Morghen.*

271 *Admiranda Romanarum*... Chefs-d'œuvres admirables des Antiquités romaines et de Sculpteurs anciens, dessinés et gravés par *P. S. Bartoli*, les notes par P. Bellori. Rome, 1693, in-fol. obl. rel.; 83 pl. compris 1 de dédic. et 1 de titre, la dernière en lettres gravées.

272 *Admiranda Romanarum*... Rome, J. Jacob de Rubeis, in-fol. obl. rel.; 81 pl. par *P. S. Bartoli*.

273 *Colonna Traiana*... Colonne trajanne en 124 pl.; 7 représentent l'Aspect, la Coupe, le Piédestal et le Plan de la colonne, et 119 les Bas-reliefs : à ces dernières des n.ᵒˢ; le tout précédé du titre en lettres gravées et de 17 pag. de texte; avis, description et table. — *Colvmna Antoniniana*... Colonne Antonine : en 76 pl. (non compris celle où le titre est en lettres gravées), la dernière sans n.ᵒˢ : ces 2 colonnes dessinées et gravées par *P. S. Bartoli*, les explications par Bellori. 2 vol. in-fol. obl. reliés.

274 *Colonna Trajana*..... Colonne Trajanne, en 25 pl., sous les n.ᵒˢ I à XXI; les pl. I et II, la déd. et le tit.; les pl. III et IV, l'aspect principal et la section verticale de la colonne, l'une en 6 feuilles, l'autre en 3 feuilles; les pl. IX à XIV, en 2 feuilles chaque.— *Colonna Antonina*.... Colonne Antonine : en 9 pl., sous les n.ᵒˢ I à VII, les pl. IV et V, en 2 feuilles chaque, la pl. VII, l'aspect de la colonne en 6 feuilles, par *Gio Batt. Piranesi*, 1 vol. très-grand in-folio cartoné,

275 *Trofei di ottaviano avgvsto*... Trophées d'Octavien Auguste, élevés à l'occasion de la bataille d'Actium, etc., par *Gio Batt. Piranesi*; 1 vol. in-fol. cart. 16 pl.

276 *Vedute di Roma*... Vues de Rome, dessinées et gravées par *Gio Batt. Piranesi*, architecte vénitien; 1 volume très-grand in-folio, 65 pl. des 137.

277 *Antichità d'Albano e di castel Gandolfo*.. Antiquités d'Albane et du château Gandolfe. — *Descrizione e disegnï dell'Emissario del Lago Albano*.... Description et dessin du lac Albane.— *Pianta della Spelonca*... Plan de la grotte ornée par les anciens sur les bords du lac Albane : ces suites, par *I. B. Piranesi.* 52 planches, exempl. en feuille.

278 Différentes Vues de quelques restes de trois grands édifices qui subsistent encore dans le milieu de l'ancienne ville de Pesto, autrement Posidonia, qui est située dans la Luganie, par *Franc. Piranesi*, 1 vol. très-gr. in-fol. obl. cart. 21 pl.

279 *Vasi, Candelabri, Cippi*... Vases, Candelabres, Cipes, etc., par *Gio Batt. Piranesi*; 1 vol. très-gr. in-fol. cart., 45 pl.

280 *Le Pitture antiche*... Les Peintures antiques du sépulcre des Nasoni, sur la voie Flaminia, dessinées et gravées par *P. S. Bartoli*, décrites par Bellori. Rome, 1680, petit in-fol. mar. rouge, 35 pl.

281 *Le Antiche Lvcerne*.... Les Lampes antiques, dessinées et gravées par *P. S. Bartoli*, expl. par Bellori. Rome, 1691, 136 Pl. non compris 3 titres en lettres gravées. —*Gli Antichi Sepolcri*... Les anciens Sépulcres et Mausolées Etrusques et Romains, Rome, 1697. 110 Pl. et 1 de titre, 2 vol. pet. in-fol. rel. en mar. rouge.

282 *Mich. Ang. Causei de la Chausse Romanum Museum, sive thesaurus eruditæ antiquitatis ; Romæ*

1707 ; ouvrage divisé en 5 parties , 1 vol. petit
in-fol. , mar. rouge , 185 Pl. , non compris les Vignettes et lettres grises.

283 *Delle Magnificenze di Roma Antica e moderna....*
De la magnificence de Rome ancienne et moderne ,
par *Gius. Vasi* ; Rome 1747—61 , dix Livres en 4
vol. in-fol. obl. rél. , fig. et texte.

284 Recueil de Vues et Fabriques pittoresques d'Italie ,
dessinées d'apr. nature , par M.ʳ *C. Bourgeois* ; Paris, 1804 , 16 Livraisons in-fol. en cahiers, 96 Pl.

285 Choix de Costumes civils et militaires des peuples
de l'antiquité , par *N. X. Willemin* ; Paris, 1798 ,
les 30 Livraisons en cahiers.

286 Recueil d'Estampes , d'apr. Raphaël , Polidore , etc.
67 P. : 43 sont de *Bartoli* — Sujets d'apr. Holbein , la Passion , le Triomphe de la Mort , de la
Richesse et de la Pauvreté , 63 P.— Vues , par
*Hollar* , 45 P.—Recueil de Vues , de Paysages et
de Scènes réprésentées par des singes , 142 , par *Perelle* et *Silvestre* , à 16 ( les singes ): *Pool exc.* , et 6
de *Mauperché.* 4 Lots.

287 Principes du dessin , d'apr. N. Poussin , par *Pesne* ,
30 P.—Anatomie de *Tortebat.* Paris, 1765.—Livre
de perspective de *Jean Cousin* , 1560. — Figures
étrusques , 8 P.—Et Stylobate de la Colonne Antonine , par *F. Aquila.*

288 Principales Figures de la Mythologie, 37 Pl., gravées
par *J. S. Klauber* , d'ap. les dessins de Becker ,
Casanova , Nahl , etc., à 36 , des numéros, 3 prem.
Livraisons, texte et fig.—Les 8.ᵉ , 9.ᵉ et 10.ᵉ Livrai-

sons du voyage de la Grèce.—Onze Livraisons du voyage de la Sicile VIII.ᵉ à XVIII.ᵉ — Quatre-vingt-trois Estampes, pour le voyage de la France; 3 Articles.

# TABLEAUX.

### BRUANDET, ( Par Lazare )

289 Intérieur de forêt : à droite sous de grands arbres ; un pâtre conduit des moutons. H. 13 p. 6 l., L. 16 p.  *T.*

### CLAUDE LE LORRAIN. ( *d'après* )

290 Marine, Effet de soleil, on y aperçoit des vaisseaux : Paysage où un pâtre fait abreuver son troupeau à une rivière, d'apr. deux Tabl. du musée royal. H. 13 p. 2 l. L. 15 p. 9 *B.* forme ovale.

### FOUCQUIERES , ( Par Jacques )

291 Vue prise dans les campagnes de Flandre ; à la droite un porte-balle. H. 18 p. L. 21 p. 6 l.  *B.*

### PALLIERE , ( Par Feu M.ʳ Etienne )

292 Syrinx poursuivie par Pan près du fleuve Ladon, implore le secours des Nayades ses sœurs ; le fond présente une campagne d'un riche aspect. H. 36 p. 4 l. L. 38 p.  *T.*

293 Latone fuyant les persécutions de Junon, est insultée par les paysans qui lui refusent de l'eau pour se rafraichir. H. 32 p. 6 l., L. 42 p. 3 l.  *T.*

294 Diane et Actéon, dans un riche paysage ; esquisse de 12 p. de H. sur 15 p. de L.  T.

295 Némorin gravant ses adieux sur un rocher, et Es-
telle apercevant les lignes formées par Némorin ;
deux tabl. de 16 p. 4 à 7 l. de H. sur 20 p. à 21
p. 10 l. de L. *T.*

296 Intérieur d'un bois où un pâtre garde une vache.
H. 14 p. 6 l. L. 11 p. 6 l. *T.*

297 Le Rosier défendu. H. 19 p. 10 l. L. 23 p. *T.*

> Ce Tableau a fait partie de l'Exposition du Salon du
> Louvre, en l'an VIII (1800).

298 Nymphes au bain ; Composition terminée par un
paysage d'un site agréable. H. 16 p. 7 l. L. 19 p.
8 l. *T.*

299 Des Vaches s'abreuvant à une rivière près d'un
bois ; à la droite, une jeune fille porte des
fleurs. H. 22 p. L. 18 p. *T.*

300 Pâtre et Bergère gardant des moutons et des chèvres dans un pays de montagnes ; à gauche, une
cascade. H. 13 p. L. 16 p. *T.*

301 Paysage pittoresque ; à droite sur le devant, un rustre et un voyageur. H. 5 p. 6 l. L. 7 p. 4, forme
ovale.

302 Canal bordé de grands arbres. H. 14 p. 8 l., L. 13
p. 8 l. *T.*

303 Pays dont la droite présente une masse de grands
arbres. H. 21 p. 3 l. L. 26 p. 3 l. *T.*

304 Groupe de grands arbres ; Etude touchée avec fer-
meté. H. 26 p. 6 l. L. 21 p. 6 l. *T.*

305 Vingt-huit Etudes, Esquisses de Sujets, Figures
académiques, Têtes, etc., et vingt-six Etudes de

paysages : à 10 de ces 54 Tabl. , des bordures.
8 Articles.

**REMBRANDT ,** ( *d'après* VAN RHYN , *dit* )

306 L'Evangéliste S. Mathieu, d'ap. un Tabl. du musée
royal. H. 33 p. L. 26 p.  *T.*

**ROOS ,** ( *d'après* JEAN-HENRI )

307 Deux Paysages ; dans l'un , des moutons et un bélier gardés par un pâtre ; dans l'autre une fileuse
près d'un baudet et d'un bœuf ; sur le devant, une
vache et six moutons. Le 1.ᵉʳ Tabl. porte 16 p.
6 l. de H. sur 12 p. de L. ; le 2.ᵉ, 16 p. 3 l.
de H. sur 19 p. 6 l.  *T.*

**VINCENT ,** (Par FRANÇOIS ANDRÉ).

308 Démocrite chez les Abdéritains. H. 16 p. 10 l. L.
19 p. Esquisse peinte en 1784. *T.*

309 Polydore massacré par Polymnestor ; Zeuxis choisissant un modèle , et Guillaume Tell renversant la
barque sur laquelle le Gouverneur Guesler traver-
sait le lac de Lucerne. De ces compositions par et
d'après Vincent , la première est sans bordure. 2
lots.

# GOUACHES ET DESSINS.

**BARBIERI** dit le **GUERCHIN ,** (Par GIOVANNI
FRANCESCO ) *Italien.*

310* Saint Joseph présentant des Cérises à l'Enfant Jésus , assis sur les genoux de la Sainte Vierge , dessin
légèrement exécuté à la sanguine. H. 8 p. 5 l. L.
11 p. 4 l.

Ce Dessin provient du Cabinet de Silvestre. ( Voir le
n.º 179 de notre Catalogue. )

BOUCHARDON, (Par Edme).

311   Les Cris de Paris, 60 contre-Epreuves à la sanguine
sur papier blanc.

BOURGEOIS, (Par M.r Fl. Fid. Const.)

312* Deux Vues d'Isola d'Isora, Dessins lavés au bistre,
en 1792. H. 15 p. 9 l. L. 21 p. 3 l.

COCHIN fils, (Par Charles Nicolas) *Français.*

313   Cent-vingt Dessins et Traits, le plus grand nombre
pour l'ouvrage sur les Costumes des anciens peuples
par d'André Bardon.

GLAUBER, (Par Jean) *Hollandais.*

314* Vue prise dans la Campagne de Rome: à gauche
deux hommes sur un chemin bordé d'arbres; du
côté opposé et dans l'éloignement des Voyageurs
près d'anciens Monumens; Dessin librement exécuté à la plume sur papier blanc. H. 10 p. 2. l. L.
16 p. 10 l.

KOBELL, (Par François) *Allemand.*

315   Paysages de sites pittoresques, ornés sur les différens plans, de Figures et d'Animaux, 4 Dessins au
bistre sur papier blanc.

LAIRESSE, (Par Gérard de) *de Liége.*

316* Jeux d'enfant, Sujet composé de treize figures, dans
une forme de frise, Dessin à la plume et au bistre,
sur papier blanc. H. 3 p. 9 l. L. 13 p. 6 l.

LANTARA, (Par Simon-Mathurin) *Français.*

317* Pays où coule une rivière bordée de Rochers et de
grands arbres : à gauche dans l'éloignement, une
haute Montagne surmontée d'une forteresse et de

fabriques, Dessin à la pierre d'Italie, sur papier blanc. H. 8 p. 6 l. L. 11 p. 4 l.

**MEER DE JONGE,** (Par Jean Vander).

318* Un Pâtre et une jeune Fille gardant des brebis. Près de là un Agneau. Dessin à la mine de plomb, lavé à l'encre en 1687. H. 4 p. 11 l. L. 6 p. 4 l.

**MEYNIER,** (Par Mr Charles) *Français.*

319 Vues prises dans les Campagnes d'Italie. Elles sont ornées de Monumens, de Fabriques et de Figures. 3 Dessins lavés au bistre sur papier blanc.

**MOITTE,** (Par Jean-Guillaume) *Français.*

320* Danse de Nymphes, sujet à l'imitation des bas-reliefs antiques, composition de cinq figures. Dessin à l'encre, rehaussé de blanc, sur papier bleu. H. 2 p. 6 l. L. 9 p. 5 l.

**NICOLLE,** (Par Mr. Jean-Victor) *Français.*

321* Deux Vues de Rome, l'une de l'Église de Saint-André dite *a via Flaminia*, l'autre de la place du collége romain, de la rue du Pied de Marbre : Dessins coloriés. H. 3 p. L. 4 p.

322* Deux Vues de Rome ; l'une des Restes de l'Amphithéâtre de Flavius, vulgairement appelé le Colisée ; l'autre des Restes du Théâtre de Marcellus, actuellement le palais Orsini : Dessins coloriés. H. 2 p. 2 l. L. 3 p. 3. l.

323* Vue de l'Arc de Titus, situé sur la Voie Sacrée à Rome : Dessin colorié. H. 2. p. 6 l. L. 4 p.

324* Vue de l'Entrée de *la Villa Casale a Frascati* ; Dessin colorié. H. 2 p. 6 l. L. 4 p.

325* Deux Vues de Venise ; l'une du pont Saint - Job,

*Suite des Morceaux par M.ᵣ NICOLLE.*

l'autre de Saint - George *Maggiore*, près de la
Douane ; Dessins coloriés. H. 3 p. 4 l. L. 5 p. 4 l.

**PALLIÈRE**, ( Par feu Mʳ. ETIENNE ) *Français.*

326 Esquisses de Sujets, Etudes de figures académiques,
Têtes, Vues, Paysages et Croquis, au nombre de
492 contenus dans quatre Porte-feuilles ; 10 Lots.

**PALLIÈRE**, ( Par Mʳ. LOUIS VINCENT-LÉON )
*Français.*

327* L'Histoire et les Statues de Moïse et de Numa d'a-
près les bas - reliefs de J. Guil. Moitte, à l'avant-
corps de l'attique du Vieux-Louvre, à gauche du
pavillon de l'Horloge. 3 Dessins à la pierre noire,
sur papier blanc.

  Ces Dessins proviennent du Cabinet Moitte. ( Voir le
  n.º 31 de notre Catalogue. )

**SUANEUELT** *dit* **HERMAN D'ITALIE**, ( Par
HERMAN VAN ) *Hollandais.*

328* Un Voyageur et un Villageois, à l'entrée d'un chemin bordé de rochers et de grands arbres, situé
à la droite d'une campagne, dont la gauche présente une vaste étendue de Pays ; Dessin à la plume
sur papier blanc. H. 7 p. 9 l. L. 10 p.

**SUVÉE**, ( Par JEAN-BENOÎT ) *Français.*

329 La Naissance de la Vierge ; l'Adoration des bergers; la Prison de Saint-Pierre, divers autres Sujets; des Études d'après l'antique, etc.; 26 Dessins.

330 Sujets de la vie de Saint-Nil et de Saint-Bartolomé,
et des Études d'après les peintures du Domi-

niquain : dans l'église de Saint-Louis et de Saint-Grégoire à Rome , et dans celle *Grotta Ferrata*; 3o Dessins à la sanguine.

331 Vues de Monumens antiques, Palais, Parcs et Jardins d'Italie; 5i Dessins et Contre - Epreuves à la sanguine et à la pierre noire, sur papier blanc; 2 Lots.

**THIBAULT**, (Par M^r. JEAN TH.) *Français.*

332* Vue d'un Lac bordé de grands arbres; à la gauche, un philosophe,; 2 Dessins au bistre, sur papier blanc.

**THIENON**, (Par M^r. CLAUDE) *Français.*

333* Paysage dont la droite est occupée par une haute montagne entourée de grands arbres; près de là, au bas d'un pont, des jeunes filles en prière à une chapelle de Madoune, vers laquelle des Voyageurs se dirigent; à gauche une rivière serpente à travers les campagnes; sur le devant, une barque couverte; morceau harmonieux de ton, brillant de lumière, et vigoureusement colorié. H. 6 p. 4 l. L. 8 p. 6 l.

334* Paysage avec Fabriques, et deux Vues de lacs, près desquels sont de grands Arbres; Dessins ornés de figures et touchés avec art au bistre sur papier blanc. H. 6 p. L. 4 p. 9 l.

**VANDER BURCH**, ( Par JACQUES - EDOUARD) *Français.*

335* Vue des Restes d'une Chambre sépulcrale près du Pont Lamentane, dans la campagne de Rome, à un mille de cette ville : à gauche un homme et une

femme suivent un chemin; du côté opposé un terrain élevé où un Berger est assis sur l'herbe, Sujet
peint à gouache en 1789. H. 14 p. 9 l. L. 18 p. 8 l.

Cette Gouache provient du Cabinet de M.ʳ Neergaard.
( Voir le n.ᵉ 375 de notre Catalogue. )

VINCENT, (Par FRANÇOIS-ANDRÉ) *Français.*

336* Le Paralytique guéri à la Piscine, première pensée
du Tableau peint pour la ville de Rouen. Tableau
exposé au Salon du Louvre en 1783, Dessin à la plume.
à la sanguine et au bistre. H. 20 p. 3 l. L. 16 p.

337* Zeuxis choisissant pour modèles de son sujet d'Hélène les plus belles filles d'Agrigente, Composition
de quinze figures, première pensée du Tabl. peint
pour le Roi, Tableau exposé au salon du Louvre en
1789, Dessin à la plume lavé au bistre. H. 15 p. 4 l.
L. 19 p. 9 l.

338* Le jeune Pyrrhus à la cour de Glaucias, roi d'Illyrie,
première pensée du Tableau peint pour l'Electeur
de Trèves; deux Dessins de ce sujet, dans l'un, les
figures nues; ils sont exécutés à la plume et au
bistre sur papier blanc Le premier porte 23 p. 6 l.
de H. sur 26 p. de L., le second 12 p. 6 l. de H.
sur 13 p. 6 l. de L.

339 Guérison de l'Aveugle né, Retour de l'Enfant prodigue, Mutius Scévola, Arrie et Pœtus, Renaud
et Armide, Guillaume Tell, divers autres Sujets,
des Allégories, des Etudes de figures et de têtes,
39 Dessins et Contre-Epreuves. 3 Lots.

## DESSINS DE DIFFÉRENS MAITRES.

340 La Maladie d'Antiochus, par *Colin de Vermont;* sept autres Dessins, par *Ango, Aubry, Bouchardon* et *Natoire.*

341 Scènes Militaires, par Mr. *Swebach;* Mars et Vénus, par Mr. *Thévenin*, et 5 autres Dessins, Etudes de *Vanloo* et *Watteau.*

342 Paysages, les uns à gouache, les autres à la plume, et diverses Etudes : 24 Dessins 2 Lots.

## MARBRE, BRONZE, etc.

343 Le Nid d'Amour : on les voit au nombre de cinq, groupés dans un panier de jonc. Morceau de ronde bosse en marbre blanc, par *D. Ant. Chaudet.* H. 5 p. L. 8 p. Sous cage de verre bombé, placé sur socle en bois d'acajou.

344 Buste de Femme, Morceau en bronze sur piédestal en marbre de différentes qualités. H. totale 11 p.

345 Deux Tableaux en pierre de Florence. H. 2 p. 6 l. L. 3 p.

346 Collection de 465 Souffres, levés sur des pierres antiques : ils sont contenus dans sept boîtes avec verres et bordures dorées.

347 Deux Coupes évidées en marbre jaune antique, sur piédestaux ornés en bronze et posés sur socles en marbre brocatelle. H. totale 13 p. 4 l.

348 Deux Vases, forme Médicis, en marbre griotte d'Ita-

lie, sur piédestaux en marbre vert de mer ; garni en bronze. H. totale 11 p.

349 Un Vase d'albâtre et une Coupe, cette dernière fracturée.

350 Un Télescope sur son pied en cuivre.

351 Une boîte à couleurs, placée sur un corps de tiroir : le tout en bois d'acajou. H. totale 37 p. 6 l. L. 18 p. profondeur 16 pouces.

352 Deux Chevalets, des Tables pour coller des dessins, une Bassine pour blanchir les estampes.

353 De grands Passe-partout et des Bordures : la plupart dorées, 75 avec verres, deux sans verres, et des cartons de formats différens.

# ADDITION.

## TABLEAUX.

### DUPONT, (Par L.)

354 Campagne dont la gauche est en partie couverte de Monumens en ruines : les différens plans de ce tableau, peint en 1789, sont ornés de figures et d'animaux. H. 16 p. 10 l. L. 25 p. 5 l. T.

### GREUZE, (Par Jean-Baptiste.)

355 Jeune Femme représentée à mi-corps, Morceau au pastel sous verre. H. 14 p. 6 l. L. 11 p. 6 l.

### LE BRUN. (Charles)

356 Porus combattant vaillamment de dessus son éléphant : ce héros est représenté à l'instant ou il lance un dard au traître Taxile : cette grande et riche com-

position qu'on estime être peinte par Le Brun, est connue par l'estampe gravée sous la conduite de B. Picart. H. 23 p. 4 l. L. 56 p. 6 l. T.

NANTEUIL, (Par ROBERT.)

357 Jules, Cardinal de Mazarin, représenté à mi-corps : Portrait, peint en pastel, par Nanteuil, en 1660, Morceau sous glace. H. 12 p. 3 l. L. 9 p. 7 l.

THEVENIN. (Par M.)

358 Le Jugement de Daniel, composition de plus de 40 figures : dans les fonds de belles fabriques. H. 17 p. 5 l. L. 21 p. 7 l. T.

VERDUSSEN, (Par J. P.)

359 Jeune Dame tendant les bras à un enfant que lui amène une nourrice, ce que regarde une servante appuyée sur un baudet : la scène se passe dans une étable où sont trois vaches. H. 18 p. L. 23 p. 9 l. T.

360 Intérieur d'un Camp, un officier général paraît y donner des ordres ; à la droite du devant à peu de distance d'une tente, un mousquetaire et deux autres cavaliers. — Vue d'un marché aux chevaux : où un maquignon essaie un cheval blanc. H. 9 p. 6 l. L. 12 p. 9 l. T.

VINCENT, (Par FRANÇOIS-ANDRÉ)

361 Jésus à table avec des pélerins dans le château d'Emmaüs ; Esquisse touchée avec liberté. H. 22 p. 10 l. L. 11 p. 10 l.

XAVERY, (Par FR....)

362 Deux Vues de Prairies ; dans l'une, deux vaches, quatre moutons et un agneau gardés par un petit pâtre qu'on voit à la droite ; il est appuyé sur une haye en planches et caresse son chien ; dans l'au-

tre , une jeune fille, assise au pied de deux saules, tient sur ses genoux un agneau ; près d'elle, deux vaches et quatre moutons. H. 15 p. 11 l., L. 12 p. 3 l. *B.*

363 Pays où coule une rivière sur laquelle est un pont en pierres de quatre arches : à ce Tableau, dans le style de *K. Du Jardin*, quelques figures et animaux à terre ; vers la gauche les lettres K. D. J. F. H. 4 p. 10 l. L. 6 p. 11 l. *C.*

364 Intérieur de chambre où un officier donne des ordres à des villageois et à un jeune garçon ; à la droite du devant, un chien couché près d'une cuirasse et d'un grand coffre ; Tabl. dans le style de *J. Le Duc.* H. 8 p. 10 l., L. 9 p. 8. *B.*

365 Vue d'une campagne pendant l'hiver ; Effet de clair de lune ; à la droite, près d'une masse de rochers , des barraques couvertes de neiges. Tabl. qu'on estime être de l'école de Ruysdaël. H. 25 p. 6 l. L. 32 p. 6 l. *T.*

366 Un Roi sur son trône : un homme lui présente un fruit : cette Composition dont le trait est à la plume, est lavée au bistre et rehaussée de blanc par *Le Parmesan* ; Dessin de 10 p. 6 l. L. 7 5 l. p.

# ESTAMPES.

## ANONYME. (Par UN VIEUX MAITRE ITALIEN)

367 LES CARTES DE TAROTS, 50 Pièces divisées en 5 classes, 10 Pièces à chaque classe.

*PREMIÈRE CLASSE. Hommes de différens états et dignités, savoir :*

1 MISERO I. Gueux ; à sa droite un chien.

2 FAMEIO II. Valet portant un vase; il marche vers la
droite.

3 ARTIXAN III. Orfèvre assis dans son atelier; à sa
droite un homme debout.

4 MERCHADANTE IIII. Marchand une lettre dans ses
mains; il se dirige vers la droite.

5 ZINTILOMO V. Gentilhomme un faucon sur le poing;
à gauche, derrière lui, un valet.

6 CHAVALIER VI. Chevalier un poignard dans ses
mains; plus loin, à droite, un page.

7 DOXE VII. Doge; il marche vers la droite.

8 RE VIII. Roi assis, tenant son sceptre dans la main
droite.

9 IMPERATOR VIIII. Empereur assis, un globe dans la
main gauche; sur le devant un aigle.

10 PAPA X. Pape assis, les clefs de l'Église dans sa main
droite.

Dans la marge, à ces 10 Sujets, à gauche la lettre S
(*Spadone*), au milieu le Titre, suivi d'un chiffre en caractère romain; à droite ce même nombre répété en
chiffre arabe.

*DEUXIÈME CLASSE. Les Muses et Apollon, savoir:*

11 CALIOPE XI. Calliope sonnant d'une trompe; à gauche
une fontaine et un rocher.

12 VRANIA XII. Uranie un compas à la main gauche; à
l'autre un cercle.

13 TERSICORE XIII. Terpsichore pinçant de la guittare;
son regard est tourné vers la gauche.

14 ERATO XIIII. Erato jouant du tambourin; elle marche
vers la droite.

15 POLIMNIA XV. Polymnie jouant d'une espèce de lyre;
elle est tournée vers la droite.

16 TALIA XVI. Thalie assise, le genoux gauche à terre;
elle joue du violon.

17 MELPOMENE XVII. Melpomène; elle sonne du cor et
marche vers la droite.

18 EVTERPE XVIII. Euterpe adossée à un arbre; elle est
            tournée à droite, et joue de deux flageolets.
19 CLIO XVIIII. Clio debout sur un cigne qui nage; elle
            fait un geste en élevant la main gauche.
20 APOLLO XX. Apollon couronné, assis sur deux cignes,
            les pieds sur un globe céleste; il tient dans
            sa main gauche une branche de lauriers.

Dans la marge, à ces 10 Sujets, à gauche, la lettre D
( *Denari* ), les Titres et les chiffres comme aux Pièces de
la prem. classe.

*TROISIÈME CLASSE. Les Arts libéraux et diverses Sciences,*
                    *savoir:*

21 GRAMATICA XXI. La Grammaire, représentée par
            une femme; elle tient d'une main un vase,
            de l'autre une férule, et marche vers la
            droite.
22 LOICA XXII. La Logique, représentée par une femme
            qui tient dans sa main droite un serpent
            ailé couvert d'un voile transparent.
23 RHETORICA XXIII. La Rhétorique, représentée par
            une femme la couronne royale sur la tête;
            elle tient un glaive à sa main droite: près
            d'elle deux petits génies ailés.
24 GEOMETRIA XXIIII. La Géométrie, représentée par
            une femme; elle est dans les airs, assise sur
            un nuage, et tournée à droite.
25 ARITMETRICHA XXV. L'Arithmétique, représentée
            par une femme; dans sa main gauche une
            table où sont des numéros.
26 MVSCHA XXVI. La Musique; elle joue de la flûte:
            à sa gauche un cigne.
27 POESIA XXVII. La Poésie, représentée par une femme
            assise; elle joue de la flûte, et tient un vase:
            à gauche une fontaine.
28 PHILOSOFIA XXVIII. La Philosophie, représentée
            par une femme qui tient une lance; à sa
            main gauche une égide.

29 ASTROLOGIA XXVIIII. L'Astrologie , représentée
par une femme ailée vue de profil; à sa main
droite une baguette.

3o THEOLOGIA XXX. La Théologie , représentée par
une femme à tête de Janus; elle soutient
sa robe avec sa main gauche : devant elle
un globe couvert d'étoiles: ce globe ne la
laisse voir que jusqu'aux genoux.

Dans la marge , à ces 1o Sujets , à gauche , la lettre C
( *Coppe* ) , les Titres et les chiffres comme aux Pièces de
la prem. classe.

*QUATRIÈME CLASSE. La Chronologie , la Cosmologie
et les Vertus cardinales, savoir :*

3r ILIACO XXXI. L'Astronomie, représentée par un génie
ailé : à sa main gauche un soleil.

3a CHRONICO XXXII. La Chronologie , représentée par
un génie ailé ; il tient à sa main gauche un
dragon ailé , qui a le bout de sa queue dans
sa bouche, et forme le cercle.

33 COSMICO XXXIII. La Cosmologie , représentée par
un génie; il tient à sa main gauche un
globe moitié céleste et moitié terrestre.

34 TEMPERANCIA XXXIIII. La Tempérance; elle tient
à chaque main un vase : à droite un petit
cochon regarde dans un miroir placé à
terre.

35 PRVDENCIA XXXV. La Prudence, représentée par
une femme à tête de Janus ; dans sa main
un miroir : à sa droite un dragon ailé.

36 FORTEZA XXXVI. La Force : d'une main elle tient
un glaive, et de l'autre brise une colonne ;
à sa gauche un lion.

37 IVSTICIA XXXVII. La Justice; elle tient d'une main
une balance, de l'autre un glaive.

38 CHARITA XXXVIII. La Charité tenant une bourse
renversée; à sa gauche un pélican.

39 SPERANZA XXXVIIII. L'Espérance les mains jointes

~ et les yeux élevés au ciel; à sa gauche un
phénix sur un bucher.

4o FEDE XXXX. La Foi; elle tient une croix et un calice:
à sa droite un chien.

Dans la marge, à ces 10 Sujets, à gauche la lettre B
( *Bastoni* ) , les Titres et les chiffres comme aux Pièces
de la prem. classe.

*CINQUIÈME CLASSE. Les Planettes et la Sphère du
premier Mobile et de la première Cause.*

4r LVNA XXXXI. Diane dans un char à deux chevaux;
elle est dans les airs et se dirige à la droite.

4z MERCVRIO XXXXII. Mercure jouant d'une flûte; il
tient le caducée : à terre, entre ses jambes ,
une tête d'homme, et à droite , devant lui ,
un coq.

43 VENVS XXXXIII. Elle est au bain ; à droite l'Amour,
à gauche trois Nymphes.

44 SOL XXXXIV. Le Soleil : Phaëton tombé du char
dont la course se dirige vers la gauche.

45 MARTE XXXXV. Mars assis sur une espèce de trône ;
il tient à sa main droite une épée : à ses
pieds un chien.

46 IVPITER XXXXVI. Jupiter assis; il tient à sa main
droite un dard.

47 SATVRNO XXXXVII. Saturne assis , tenant à sa main
gauche un de ses petits-enfans; à terre ,
quatre autres enfans.

48 OCTAVA SPERA XXXXVIII. La huitième Sphère ,
représentée par un génie ailé tenant un rond
rempli d'étoiles ; il se dirige vers la gauche.

49 PRIMO MOBILE XXXXVIIII. Le premier Mobile ,
représenté par un génie ailé s'élevant du
globe de la terre qu'il ne touche plus que
d'un pied ; il se dirige à droite : ce Morceau
est dessiné à la plume.

5o PRIMA CAVSA XXXXX. La première Cause : le globe
de la terre entouré de sept cercles, qui repré-

senten les planettes; au bas, au-dessous du globe, à gauche, le symbole de l'Évangéliste Saint Mathieu, représenté par un ange qui lit dans un livre; à droite le bœuf, symbole de Saint Luc : ce Morceau est dessiné à la plume.

A ces 5o Sujets, une bordure formée d'une espèce de tore de ruban d'environ 2 lignes de large; au bas, au lieu de bordure, 2 traits à environ 3 à 4 lignes l'un de l'autre, espace où sont placés les lettres indicatives de chaque classe, les Titres et les chiffres. Hauteur totale de chaque Morceau, 6 p. 4 à 5 l. L. 3 p. 4 à 5 l.

Suite de la plus grande rareté, où il ne manque que les 49.ᵉ et 5o.ᵉ Morceaux, remplacés par des Dessins exécutés avec beaucoup de soin.

## EDELINCK, ( Par GERARD )

368 Jean-Baptiste Colbert, marquis de Seignelay, ministre et Secrétaire-d'Etat, d'après Mignard.
Epr. avant toutes lettres et avant les armes.

## NANTEUIL, ( Par ROBERT )

369 Louis XIV, Roi de France et de Navarre : ce Prince est représenté couvert d'une cuirasse; très-grand portrait tourné à gauche; à chaque angle de l'ovale, une fleur de lys. Pl. de 1664.

370 Louis XIV., idem, représenté en cuirasse, dans un ovale ; il est tourné à droite : à chaque angle de l'ovale; une fleur de lys. Pl. de 1666.

371 Le Prince Charles de Lorraine, 1660; le Maréchal de Castelnau, 1658; le Duc de Mercœur, 1649; les Evêques de Nesmond, 1663, et de Neufville, 1664; l'Abbé le Tellier, 1664; Loménie, 1664; Lefèvre-d'Ormesson, 1654 ; Lamoignon, 1663; et Denis Talon. Dix Estampes.

372 Louis Hesselin, 1658; Gillier, 1652; Jac. Amelot;

*Suite des Morceaux par* NANTEUIL.

Jean Loret , 1658, et J. Fr. Sarrasin , 1656. En tout cinq Estampes.

373 Le Maréchal de Turenne , Colbert , etc. ; trois Portraits , d'apr. Champaigne.

---

374 Sacrifice de Caïn et d'Abel , d'apr. Raphaël.—Le Jugement de Pâris , par *G. Bonasone.*—L'Annonciation , d'apr. le Titien , par *Giac. Caralius.* —Sainte-Famille.—Triomphe de Neptune , par *Geor. Peham* , Pièce rare ; six autres Sujets et Portraits : trois sont de *Krug* , *Mekel* et Zagel. En tout 11 Estampes. 2 Lots.

375 Sujets , Vues , Paysages , Suite d'Animaux , etc. , par *Ad. Bartsch , A. C. Dies , Thom. Enden , J. C. Erhard , Franz. Gabet , S. Gessner , J. Klein , K. Ponheimer , J. Rebelle , C. Risf , K. Russ , C. P. Schallhas* et autres. 75 Pièces ; 21 sont doubles : plus , un Portrait de femme par *C. Rahl* , d'apr. P. Krafft. En tout 97 Estampes. 3 Lots.

376 Sujets , Paysages et Vignettes , par des Maîtres des trois Ecoles. 170 Pièces et cinq Porte-feuilles. 3 Lots.

377 Batailles en Italie , et autres actions publiques , d'apr. M.ᵉ C. Vernet. 22 Estampes , par d'habiles Graveurs modernes.

378 Galerie de Rubens , dite du Luxembourg, Paris, De Seve et Deterville, 1809, in-fol. pap. vél., Cart. , Fig. en 25 Pl.

F I N.

---

DE L'IMPRIMERIE DE LEBLANC.

www.ingramcontent.com/pod-product-compliance
Lightning Source LLC
LaVergne TN
LVHW021726170726
843503LV00004B/1439